친 · 밀 · 한 · 관 · 계 · 형 · 성 · 의 · 기 · 술

대화의 심리학 시리즈 **1**

대인관계의 심리학

친 · 밀 · 한 · 관 · 계 · 형 · 성 · 의 · 기 · 술

대화의 심리학 시리즈 1

대인관계의 심리학

홍경자 지음

 이너북스

머리말

대부분의 인간은 자기 자신에 대하여 긍정적으로 생각하고 타인에게도 호의적으로 대할 줄 안다. 그것은 성장과정 중에 부모에게서 익혀진 인간관계를 우리가 본받았기 때문이다.

비록 부모와 교사에게서 가끔씩은 "넌 왜 그 모양이냐? 도대체 틀려먹었다."는 말을 듣고 매서운 회초리로 질책을 받으면서 성장했지만, "넌 앞으로 훌륭한 사람이 될 거야.", "선생님은 너를 믿는다."고 말씀해 주신 담임교사의 모습과 머리를 쓰다듬어 주고 예뻐해 주셨던 할머니, 할아버지, 부모님의 얼굴을 회상하는 것이다. 그런 추억들이 우리의 가슴속에 남아 있기에 우리는 실패하고 배척받고 절망적인 여건에 처할지라도 새로운 용기와 희망과 자존감을 되찾게 된다.

나는 30여 년간 대학 강단에서 카운슬링을 가르치고 사회에서 부모역할훈련의 지도자를 양성해 왔다. 그 과정에서 우리에게 가장 중요한 것은 올바른 인간관계와 멋진 대화에 대한 지식과 삶의 지혜라고 굳게 믿게 되었다.

그런데 많은 부모와 교사는 이 점을 잘 인식하지 못하고 있다. 청소년들에게 학과목 성적만이 인생을 살아가는 데 가장 중요한 준거인 양 강조하고, 얼마 가지 않아 곧 잊어버리고 별 효용가치도 없어질 단편적 지식 한두 개를 더 알고 있지 못한 것을 가지고 그들의 가슴에 상처를 주고 있지 않은가?

어떤 면에서 보면 우리 선조들이 인간적으로는 더 넉넉했다고 본다. 명절 때 고향 친척을 뵈면 두 손을 마주 잡아 주시면서 "오메, 자네 왔능가!"라며 다정하게 반겨 주었다. 나의 미국 유학시절이 벌써 약 30년 전으로 거슬러 올라가나 보다. 내 지도교수였던 사이크스(Sykes) 박사는 수강생 한 사람씩을 일일이 포옹해 주면서 진심으로 반기며 그날 하루의 수업을 시작했다. 그리고 나의 흑인 남성친구가 번번이 학점 이수에 실패하자 그를 개인적으로 자기 연구실로 불러 어깨에 손을 얹고 안타까운 표정으로 솔직한 직면화와 격려를 함께 해 주던 모습은 참으로 감동적이었다. 이런 자세가 오늘을 살아가는 한국인들에게 더욱 절실하게 요청된다고 본다.

최근에 나는 『자기주장과 멋진대화』를 저술하였다. 일반인들도 손쉽게 익힐 수 있도록 사례 위주로 내용을 풀어나갔고, 관련된 그림도 많이 그려 넣었다. 그런데 좀 더 많은 사람에게 도움을 주는 책으로 다시 출판해 달라는 요청이 있어서 그 내용을 보완하여 이번에 『대인관계의 심리학』, 『자기주장의 심리학』, 『의사소통의 심리학』을 출간하게 되었다.

이 책에서는 여러 가지 대인관계에서 봉착하는 문제점과 갈등을 멋있게 풀어나가는 대화기술을 구체적으로 다루고 있다.

낯선 지역으로 이사 간 곳에서 새로운 사람들과 친밀한 관계를 맺는 기술과 일상적으로 만나는 급우나 친지들과 좀 더 가까운 사이가 되는 방법, 직장 동료, 상급자, 하급자와의 관계에서 일어나는 문제를 다루는 방법, 가족 간의 의견 차이를 조율하는 대화기술, 특별히 시가(본가) 부모와의 갈등이나 부부간의 문제를 풀어나가는 방법, 그리고 자녀지도의 기술을 다루었다. 아무쪼록 여러분의 일상생활과 대인관계에 보탬이 되기를 기대해 본다.

　이 책을 예쁜 책으로 편집하고 많은 그림을 그려 주신 (주)학지사 · 이너북스의 직원들에게 고마움을 표시하며, 특별히 김진환 사장님께 깊이 감사드린다.

2007. 1.

홍 경 자

차
례

9

친밀한 관계의
형성과 친구사귀기

사회생활을 하면서 서로 간에 도움을 주고받을 수 있는 동료와 마음이 통하는 친지가 있으면 기분이 좋다. 외로울 때 함께 시간을 나눌 수 있는 단짝이 있으면 가슴이 뿌듯하다. 또 매력과 호감을 느끼는 이성이 발견되면 그 사람과 깊이 교제하고 싶은 열망에 사로잡힌다.

사람들을 회피하고 두려워하는 이들도 마음속으로는 친밀한 인간관계를 갈망하고 있는 것이다. 다만 그런 사람들에게는 사람을 사귀는 일이 스트레스를 주는 요인이 되고 있으며 어떻게 다가가야 할지 구체적인 요령을 알지 못하고 있는 경우가 많다. 혹시 상대방에게 거절당하지 않을까? 얼간이로 보이지 않을까? 혹은 건방지게 보이지 않을까? 그들은 바로 이런 두려움을 가지고 있다.

사교적 관계를 잘 맺지 못하는 또 하나의 원인은 우리가 청소년 시절에 어른들과 자연스럽게 교류하고 대화하면서 생활하지 못한

데 있다. 분리된 청소년 문화 속에서 또래끼리만 상호작용하고 살아왔기 때문에 우리는 대개 또래 이외의 부류와 대화하는 방법을 잘 모른다. 그러나 지금은 지구촌 시대다. 한국 땅을 떠난 지 불과 몇 시간도 안 되어 여러 인종과 대화하고 사업적인 교섭을 하고 회의를 한다. 또 생면부지의 사람들과 인터넷으로 교류한다. 이방인들과 짧은 시간 안에 호의적인 관계를 수립하고 우정과 친밀감을 발전시키는 것은 개인과 기업 그리고 국가의 발전에 필수조건이 되고 있다. 따라서 21세기를 사는 현대인들은 빠른 시간 안에 낯선 사람들과도 쉽게 사귀며 친구를 만들 수 있는 능력이 요구된다. 이 장에서는 낯선 사람과 관계를 맺고 더욱 깊은 관계로까지 발전시키는 대화의 기술에 대해 알아 보자.

호의적 관심과
친근한 마음의 표현

우리의 만남은 우연이 아니다. 그것은 우리의 바람이 결실을 맺은 것이다. 다시 말해서 내 쪽에서 먼저 가슴을 열고 상대방에게 다가가고 싶은 마음이 있어야 하고 그것을 표현해야 한다. 그리고 상대방도 나의 호의를 받아들이고 나의 초대에 응해야 한다. 나의 마음을 표현하는 것은 작은 것부터 시작한다.

상대방에게 나의 긍정적인 기(氣)를 보내면서 인사한다

우리에게는 생명의 에너지가 일종의 자장(磁場)을 형성하여 우리의 몸을 감싸고 있다. 그리하여 아픈 사람에게서는 병기(病氣)가, 증오에 찬 사람에게서는 살기(殺氣)가, 의기소침해 있는 사람에게서는 슬픈 기운이 느껴지는 것이다.

러시아의 사진작가 키르란(Kirlan)은 이와 같은 인간의 자기를 사진으로 찍어 내는 일에 성공하였다. 나에게 평화롭고 기쁘고 생동감 있는 에너지가 감돌고 있을 때 그 에너지는 나와 마주하는 사람에게 전달된다. 그리고 내가 그를 존경하고 좋아한다면 그런 나의 느낌도 전달된다. 그러므로 당신은 상대방을 만날 때 이 점을 똑똑히 인식할 필요가 있다. 그에게 당신의 호감과 존경의 마음이 전달되는 자세를 취하면서 인사말을 건네도록 하라. 당신의 따뜻한 마음이 상대방의 가슴을 열게 할 것이다.

관심을 가지고 질문을 던진다

상대방에게 질문을 던짐으로써 관심을 표명할 수 있다. 이때 유용한 기법은 열린(개방형) 질문이다. 그러므로 평소에 열린 질문을 익혀 두는 것이 유익하다.

당신이 오늘 아침에 출근해서 동료 A씨와 인사를 나누었다고 하자. 그런데 A씨는 안색이 좋지 않다. 이때 당신은 그에게 관심을 표명해 줄 수 있다.

"A선생님, 오늘 안색이 좋지 않으시군요. 편찮으신가요? 혹시 무슨 일로 스트레스를 받으신 건 아닌가요?"

그리고 나서 A씨가 자기 신변에 일어난 문제로 인하여 고민하는 것 같아 보인다면 관심 어린 배려와 도움의 손길을 그에게 내밀 수 있다.

"A선생님. 기운내세요. 특별한 일이 없으시다면 점심이나 저녁을 같이 하고 싶어요. 제가 모시겠습니다."

적극적으로 경청한다

상대방이 나의 질문에 대답하거나 스스로 자신의 이야기를 개진할 때는 적극적으로 경청하는 것이 중요하다. 그것은 상대방과 시선을 맞추면서 주의를 집중하여 듣는 것이다. 그리고 나서 내 쪽에서 그의 마음을 이해하고 있다는 사실을 전달해 준다.

2

열린 질문과
적극적인 경청

낯선 사람들과 쉽게 친밀해지기 위해서는 사회적 기술이 필요하다. 사회적 기술은 상식적으로 사교성이라고도 한다. 낯선 사람들을 대하면 우리는 보통 무슨 말을 해야 할지 난감해한다. 그런데 대화를 잘하는 사람은 따지고 보면 질문을 잘하는 사람이다. 당신이 우연히 요트 타기가 취미인 사람과 마주할 기회가 생겼다고 하자. 이때 당신이 열린(개방형) 질문을 사용하여 서너 가지만 질문하면 그로 하여금 한두 시간을 신이 나서 이야기하도록 만들 수 있다.

자, 이 자리에서 요트 타기와 관련하여 당신이 질문할 수 있는 내용을 생각해 보자. 대강 다음과 같은 질문이 나올 수 있다.

- 요트 타기를 취미로 한 지 얼마나 되었나요?
- 요트를 타기 위해 어떤 훈련을 받았습니까?

- 이 일에 흥미를 갖게 된 이유가 무엇이지요?

- 요트를 타려면 어떤 장비가 필요합니까?

- 요트는 어디서 타나요?

- 당신 혼자서 탑니까? 아니면 누구와 같이 합니까?

- 비용이 얼마나 들죠?

- 위험한 때는 언제인가요?

- 당신은 요트를 타다가 사고나 위험을 당한 적은 없습니까?

- 이 일을 직업으로 삼을 수도 있을까요?

- 요트 선수가 되려면 어떤 재능이 필요한가요?

- 이 취미를 가진 사람들은 주로 어떤 직종의 사람들입니까?

- 요트 타기를 시작하고 나서 달라진 점은 무엇입니까?

- 우리나라에서 요트를 제작할 수 있습니까?

- 당신은 고장난 요트를 고치는 법을 배웠습니까?

- 요트 타기가 당신에게 주는 기쁨과 보람은 어떤 것입니까?

- 당신은 청소년들에게 요트 타기를 권하고 싶으십니까?

- 노인들도 요트를 탈 수 있나요?

- 몇 살까지 이 취미생활이 가능합니까?

- 당신은 앞으로도 요트를 계속 탈 계획입니까?

- 요트를 탄 경험을 통해서 터득한 교훈은 어떤 것입니까?

사회적 기술은 사람들에게 다가가 말문을 열고 대화를 계속 이
끌어 가는 것뿐만 아니라, 자연스럽게 끝내는 기술과도 연관되어

있다. 만나서 나눈 대화의 내용을 요약하거나 신체언어로 작별을 암시하거나 해서 자연스럽게 대화가 끝나도록 할 수 있다. 사교적 장소라면 상대방을 다른 사람에게 소개시켜 줌으로써 두 사람이 계속 대화하도록 조처하고 자리를 뜰 수도 있다.

친밀한 관계 형성의 기술

주고받음의 교류를 지속하라

어떤 사람과의 관계에서 상호 간에 필요한 정보를 제공하거나 물질적인 도움을 주고받는다든지 취미, 관심사, 가치관이 같다면 서로 대화할 때 친밀감은 깊어진다.

그러나 친밀한 인간관계가 일단 형성되었다고 해서 그 관계가 일생 동안 지속되는 것은 아니다. 전학, 전직, 이사, 바쁜 일과 등의 이유로 상호 간의 접촉과 관심이 줄어들게 되면 관계가 소원해지기 쉽다. 또 친밀한 사이에 필연적으로 발생하는 의견 차이와 갈등을 효율적으로 해결하지 못할 때도 관계가 멀어지거나 단절될 수 있다.

자기표출 또는 자기공개를 하라

대인 간의 교류에서 중요한 것은 자신의 감정, 사고, 형편 등을

20

친밀한 관계 형성의 기술 1: 주고받음의 교류

친밀한 관계 형성의 기술 2: 자기공개하기

알리는 행위다. 내가 적극적으로 자기표출 또는 자기공개를 함으로써 상대방이 나의 세계 속에 들어오도록 초대하는 것이다.

자기표출이 효과적으로 이루어지기 위해서는 상황과 시기에 적절하게 하는 지혜가 필요하다. 예를 들어, 만난 지 얼마 되지 않은 사람에게 내 쪽에서 너무 많은 자기표출을 하면 그 쪽에서 당황하게 된다. 반면에 서로 사귄 지가 오래되었음에도 불구하고 내 쪽에서 자기표출을 별로 하지 않는다면 영원히 피상적인 관계로 남아 있게 된다. 자기표출을 할 때는 점진적으로 자신의 세계를 알리는 것이 무난하다.

- 첫 번째 단계는 표면적 수준에서 서로 말을 건네는 것이다. 아침 인사를 주고받으면서 대개 날씨라든가 시사에 대한 대화를 주고받는 것과 같은 수준에서 대화를 한다.
- 두 번째 단계는 사실적 정보를 교환하는 수준에서 대화를 하는 것이다. 주변에 조용하고 깔끔한 식당은 어디에 있는지, 서비스가 뛰어난 자동차 정비업소는 어디인지 등에 관하여 질문하고 서로 자기가 아는 곳을 이야기해 줄 수 있다. 그러고는 출신, 직업, 전공, 취미 등과 같은 사실적인 정보를 교환하면서 상대방과 관계를 맺는 것이 유익한가를 가늠하는 것이다.
- 세 번째 단계는 주관적인 의견을 나누는 수준에서 대화를 하게 된다. 시사나 뉴스에 대하여 어떤 생각을 가지고 있고 자신의 직장과 일, 장래 전망에 대해서 어떻게 느끼는지를 자연스럽게 이야기하면서 각자의 가치관도 곁들일 수 있다. 그런 과정에서 상대방과 좀 더 친밀한 관계를 맺을 것인가를 은근히 판단하게 된다.
- 네 번째 단계는 사적인 내면의 모습을 공개하는 수준에서 대화를 하게 된다. 얼마간의 교류를 통하여 상대방과 대화가

통하는 면이 있고 그와의 관계가 즐겁고 유익하다고 느끼게
되면 이제부터는 자신의 성격, 꿈과 이상, 개인적 고민까지
도 이야기할 수 있게 된다. 그리고 마지막으로는 가장 깊은
내면적인 사상과 비밀까지도 이야기할 수 있게 된다.

인간관계가 발달하는 단계는 상대방에 대한 관심과 자기표출이
시작되고 상호 간에 친밀하게 될 가능성이 있는지를 서로가 실험
해 보고 나서 심화된다. 그리고 상대방에 대하여 안심하고 우정과
애정을 줄 수 있다고 판단되면 그 사이가 더욱 깊어져서 동맹의
관계로 발전한다.

서로의 가슴을 열고 진실과 진실이 통하는 만남을 만들어 가는
사람은 좋은 부모-자녀관계, 좋은 동료, 좋은 친지관계를 맺을 수
있다. 그런 능력의 소유자는 좋은 사람들을 나의 친구로, 배우자
로, 동업자로, 곧 내 사람으로 만들 수 있게 된다. 그러므로 인덕
(人德)이 있다거나 운이 좋다고 하는 것도 따지고 보면 대인관계에
투자한 나의 노력과 연관되어 있다.

친밀한 관계의 형성과 친구사귀기

4

참된 친구사귀기

우리는 함께 어울려 노는 친구도 필요하고 현실적인 이해 관계로 맺어진 친구도 필요하지만 어려울 때 도와주고 위로해 주며 심지어는 생명도 나눌 수 있을 만큼 헌신적이고 인격적인 친구가 더욱 필요하다. 그리고 학연, 지연, 혈연에 근거한 일차적인 교우 집단도 중요하지만 비슷한 취미와 가치관과 이념으로 맺어진 이차적 교우집단도 매우 중요하다.

새로운 캠퍼스에서, 새로 이사가거나 전직(轉職)한 조직체에서 그리고 국제적인 모임에서 우리는 사람을 사귀는 능력을 갖출 필요가 있다. 당신이 앞에서 소개한 바 있는 친밀감의 형성 기술을 잘 터득한다면 좋은 친구를 많이 사귈 수 있게 될 것이다. 그 요령을 다시 한 번 강조하면 다음과 같다.

자기를 알린다

앞에서 소개한 자기표출의 기술을 익혀서 만나는 사람에게 조금씩, 수시로, 자기의 장점과 취미와 매력을 알리도록 노력할 필요가 있다. 그리고 대화를 주고받는 가운데 상대방에 대한 신뢰가 생기게 되면 자기의 꿈과 이상과 고민들도 함께 나누도록 한다. 자기를 진솔하게 보여 주는 사람들을 외면하는 사람은 거의 없다. 자기표출을 하면서 상호 교류해 보지 않고서 어떻게 상대방의 인격적 깊이와 우정의 폭을 가늠할 수 있겠는가? 그러므로 친구를 찾고 만들기 위해서 우리는 어느 정도의 모험을 감수하면서 먼저 내 쪽에서 자기표출을 해야 한다.

한국 사회에서는 대개 동년배끼리 친구가 되지만 서양 사회에서는 나이와 성별과 지위와 무관하게 친구를 사귈 수 있다. 지금은 지구촌 시대다. 이제부터 당신은 각양각색의 사람과 만나면서 수십 년의 나이 차이, 사회 - 경제적 지위나 문화와 관습의 차이를 뛰어넘어 오로지 인간 대 인간으로서 인격적으로 교류하고 진솔한 우정을 맺을 수 있도록 훈련할 필요가 있다.

자기의 내면적 강점과 매력을 이용한다

과거에 나하고 친하게 지낸 사람들은 나의 어떤 면을 좋아했는가? 그리고 지금 나는 어떤 인간적 장점과 매력을 가지고 있는가? 나의 장점을 인간관계에서 어떻게 활용할 수 있는가? 이런 점을 생각해 보고 그것을 활용하도록 한다.

모든 사람은 각자 고유한 장점과 매력이 있다. 가령 당신은 내향적이지만 학업 면에서 우수한 실력이 있다면 학업적 능력을 이용하여 당신의 급우들을 도와줄 수 있다. 또 당신은 말주변이 없지만 남의 이야기를 잘 경청해 주고 배려하는 사람이라고 하자. 그러면 자판기에서 차 한 잔을 뽑아 급우들에게 주면서 관심 어린 질문을 던지도록 하라. "이번 방학에는 어떻게 지냈니?" "요즈음 새로 개발된 공부방법(또는 취직준비의 요령)에 대해서 알고 있니?" 그리고는 그의 이야기를 아주 진지하고 흥미 있게 경청해 주도록 한다. 대화가 끝난 다음에는 "참 유익한 시간이었다."거나 "매우 좋은 정보를 주어서 고맙다."고 말하고 "혹시 다음에 시간이 나면 더 듣고 싶다. 내가 점심을 살 테니 시간을 내겠니?"라고 말해 보라.

만약 당신이 협조적인 사람이라고 하자. 그러면 바쁘게 움직이는 급우들에게 다가가서 "혹시 도움이 필요하면 나에게 요청해. 나는 몸으로 뛰는 일은 잘해."라고 말할 수 있다. 그리고 상대방에게는 "네가 열심히 수고하는 모습이 참 보기 좋다."고 칭찬하라.

사람들은 자기에게 관심과 호의를 표명하고 자기를 도와주며 유쾌하고 즐거운 경험(시간)을 제공하는 사람을 좋아한다. 당신의 정신적 자산 안에는 분명히 그런 내용들이 들어 있을 것이다. 당신의 외적인 조건, 즉 당신의 실력, 외모, 집안의 명예나 재산보다는 당신의 내면적 매력과 가치를 소중하게 여기는 사람이 진정한 의미에서 참된 친구가 될 수 있다.

수줍음과 자의식을 떨쳐 버린다

활발하게 사람들에게 다가가 자기를 알리고 말을 거는 데 걸림돌이 되는 자의식을 격파하기 위해서는 사고 – 정서 – 행동 간의 상호 관계성을 이해할 필요가 있다.

나의 적극적인 대인행동을 가로막는 생각은 어떤 것들인가를 먼저 찾아내서 하나하나 점검하고 논박하도록 하라. 대인관계에서 자기에 대한 부정적이고 비합리적인 사고의 내용을 긍정적이고 합리적인 생각으로 바꾸도록 노력할 필요가 있다.

친구와 멀어지는 방법

친밀한 관계의 형성과 친구사귀기

가끔씩 싸우고 화해하는 친구가 돼라

친구 사이에서는 접촉이 잦기 때문에 거리낌 없이 말을 하게 되고 그러다가 감정을 건드리면 싸움이 벌어지는 수가 있다. 그런데 우정을 오래 지속하는 친구는 그러한 싸움을 가끔씩 하되 싸운 다음에 더욱 정이 들도록 뒤처리를 잘하는 사람들이다. 말다툼을 잘 다스릴 경우에 싸움은 순기능적인 작용을 한다. 친구 간이나 가족

친구와 가까워지는 방법

간에 약간의 충돌과 적대감은 필수적인 부분으로서 변화와 성장에 반드시 필요한 것이다. 그러므로 의견대립이 심화되면 차라리 솔직하게 분노를 표출하는 것이 관계를 돈독하게 해 준다. 그리고 우정을 유지하는 데는 용서하는 태도가 필수적이다. 상대방과 자신의 실수를 인정하고 서로가 용서하려는 노력을 경주하는 것이 필요하다.

친밀한 관계의 형성과 친구사귀기

사 례

말주변이 없는 고등학생

Q 저는 고등학생인데 친구들에게 다가가지 못하고 거리를 둡니다. 그리고 말주변이 없어요. 제가 친구들에게 하는 제 이야기를 들어 보아도 썰렁하고 유머 감각이 없어요. 친구들에게 인기 있고 재미있게 생활하고 싶습니다. 어떻게 하면 될까요?

A 학생은 친구들에게 재미있게 해 주고 싶은데 그렇지 못하여 몹시 실망하고 있는 듯합니다. 말주변이 있고 유머 감각이 뛰어나기를 바라는 것은 좋은 일입니다. 그런 바람이 있기에 더욱 노력하게 되고 나중에는 지금보다 더 향상될 것입니다.

그런데 문제는 '말을 잘해야 하고 유머 감각이 있어야 한다.'고 강박적으로 생각함으로써 스스로에게 큰 부담감을 준다는 겁니다. 그런 부담감을 가지고 노력하게 되면 자기의 부족한 면만 생각되어 자신감이 떨어지게 됩니다. 그리고 자기가 가지고 있는 능력의 30%만 발휘하게 된다고 합니다. 그러므로 '말을 잘해야 한다.'는 생각을 '말을 잘하면 좋겠다.'로 바꿀 필요가 있습니다.

대화의 소재를 개발하기 위해서는 친구들이 대개 관심을 가지는 화제, 즉 뉴스, 스포츠 – 연예계 소식, 공부와 학교생활 등에 관한 소재를 가지고 집에서 친구들에게 이야기할 것을 간단히 적어 보세요. 그리고 그것을 가지고 혼잣말로 지껄이며 연습하는 것이 매우 유익합니다. 그리고 나서 동일한 대화 소재를 가지고 두세 명의 급우들에게 한 명씩 다가가 이야기를 들려 주면 말하는 능력이 크게 향상될 수 있습니다.

유머 감각은 사실상 아주 소수의 사람들에게서 나타나는 재능입니다. 억지로 웃기려고 하기보다는 남들이 소개한 농담을 잘 기억해 두었다가 다른 친구와 다른 장소에서 그것을 활용해 보도록 하세요. 또 자기공개의 기술을 몸에 익히게 되면 큰 발전이 있을 것입니다.

학생이 스스럼없이 급우들에게 다가가지 못하는 것은 어린 시절의 생활양식과 밀접한 연관이 있을 것입니다. 어려서부터 주로 자기 혼자만 또는 가족끼리만 지냈을 것이고 가족은 '세상이란 무서운 곳'이라는 인상을 학생에게 심어 주었을 것입니다. 적극적으로 사람을 사귀려면 어린 시절의 영향을 분석해 보는 것이 유익합니다.

친밀한 관계의 형성과 친구사귀기

다음의 사례를 가지고 호의적인 관심 표명하기와 자기표출하기를 연습해 보자.

친지에게 관심 보이기

사례 1	최민희 씨

30대 중반의 직장인, 5세 딸과 7세의 초등학교 1학년 아들, 남편과 생활하면서 자녀의 방과 후 지도문제로 스트레스가 많다. 최씨가 6시 넘어 귀가할 때까지 초등학교 1학년 아들이 학교에서 돌아와 엄마 없는 집에서 시간을 잘 보내도록 조처하는 것과 안전에 대하여 걱정이 많다. 최씨는 날씬하고 멋쟁이인데 요즈음 피곤해 보인다.

- 인상, 외모에서 느끼는 것에 대하여 찬사와 관심을 표명하기
  → _____

- 자녀문제에 대해 개방형으로 질문하기
  → _____

- 최씨와 연관 지어서 자기의 경험담을 간략하게 이야기하며 최씨를 진정으로 이해, 지지, 격려하기
  → _____

- 추후 만남을 제의하기
  → _____

선배에게 말 걸기

한석규 씨

동아리 선배, 택견 기능보유자, 방학 동안 동남아시아에 해외선
교, 교회 봉사활동을 다녀옴. 검게 그을린 얼굴에 잔잔하고 행
복한 표정.

- 인상, 외모에서 느끼는 것에 대하여 찬사와 관심을 표명하기

→ _____

- 여름방학 동안의 경험에 대하여 질문하기

→ _____

- 해외여행에 대한 유익한 정보 구하기와 유사한 자기의 경험
  담(방학 동안의 여행)을 간략하게 소개하기

→ _____

- 선배에 대하여 존경하거나 좋아하는 면을 말해 주기

→ _____

- 추후 만남을 제의하기

→ _____

직장생활에서의
대화

1
상사와의 관계에서 요구되는 대화기술

2
동료와의 관계에서 요구되는 대화기술

3
관리자로서의 대화 능력

4
사 례

직장생활을 잘하기 위해서는 여러 가지의 능력과 역할 수행이 요구된다. 그런데 직장에서 요구되는 능력과 역할 수행의 특성은 우리가 살고 있는 시대적 특성에 따라서 달라진다고 하겠다. 과거의 물질중심적 산업사회에서는 산술적이고 논리정연한 생각과 시계같이 빈틈없는 사람이 조직생활에 잘 적응하였다. 조직의 구성원도 마치 기계처럼 관리되고 통제되는 시대였기 때문이다. 그런데 현대의 인간중심적인 지식기반 사회에서는 정보와 지식을 활용한 아이디어가 귀중한 자산이 되고 있다. 따라서 여러 전공 분야의 사람들이 머리를 맞대고 의견을 나누는 일이 생산성과 창의적 아이디어의 창출에 매우 중요한 위치를 차지하고 있다. 게다가 지금은 생산자-소비자 간의 직접적인 피드백이 기업체의 사활에 결정적인 영향력을 미치기 때문에 서비스 정신이 중시되고 있다. 그런 까닭에 직업적 업무를 수행하는 과정에서 매우 중요한 것은 대화와 협력적 인간관계다. 상사가 강압적으로 부하직원에게 지시를 전달하는 것이 아니라 서로 마음이 통하고 존중받는 분위기 속에서 원활한 의사소통이 이루어질 때 구성원의 에너지가 시너지 효과를 낼 수 있다. 성공적인 직장생활을 영위하기 위한 접근 방법에 대해서는 '리더십'의 개념으로 무수한 연구와 책자들이 쏟아져 나오고 있는 실정이다.

이 장에서는 상사와 동료와 부하의 입장에서 기본적으로 갖추어야 할 태도와 의사소통의 기술에 대하여 개략적으로 살펴보기로 하자.

1
상사와의 관계에서
요구되는 대화기술

원호택, 박현선의 『인간관계와 적응: 삶을 위한 심리학』에 따르면 기업체에서 기대하는 직장인의 중요한 덕목은 다음과 같다.

- 해당 직종에서 요구되는 능력과 기술
- 주도성과 협동심을 겸비한 리더십
- 직장에 대한 헌신적인(충성) 태도
- 외모와 자세

이들을 살펴보면 직무에 관련된 능력을 제외한 나머지 부분은 거의가 다 의사소통과 인간관계의 능력이라는 것을 알 수 있다.

대졸 신입사원들을 면접할 때 기업인들이 가장 중요시하는 자질은 ① 자기표현 능력, ② 경청 능력, ③ 성실성, ④ 쓰기 능력, ⑤전문기술, ⑥ 외모, ⑦ 바른 자세, ⑧ 업무경험, ⑨ 이력, ⑩ 학위,

⑪ 대학 성적, ⑫ 자원봉사 경력, ⑬ 자격증, ⑭ 대학 동아리 활동의 참여와 지도력으로 나타났다. 이들 14가지 자질 중에서도 역시 의사소통의 능력과 관련된 것들이 상당히 많은 것을 알 수 있다.

권석만의 『인간관계 심리학』에서는 신입사원의 경우 특히 상급자, 동료들과 인간관계를 적절하게 맺고 유지하는 능력이 요청된다고 했다. 이를 위해 직장의 분위기와 상사의 성품을 빠른 시일 안에 파악하는 것도 중요하다.

직장 분위기의 파악

가장 먼저 고려할 사항은 직장의 분위기를 파악하는 것이다. 직장의 분위기랄까, 직원 간의 관계는 각 조직체마다 독특하다. 그것을 유형별로 살펴보면 구성원 간의 호감도와 응집력에 따라서 몇 가지 형태로 구분된다.

첫째, 화합 응집형으로서 직원 간에 서로 친밀감을 느끼며 직장에 대한 소속감이 높은 경우다. 이 유형은 인간적인 유대관계를 중시하는 상사가 운영하는 조직체에서 나타난다.

둘째, 대립 분리형으로서 부서별로 또는 특정 직원 간에 서너 개의 하위집단이 형성되어 서로 반목하고 공격적으로 경쟁하는 경우다.

셋째, 화합 분산형으로서 직원 간의 대인관계는 무난하지만 직장의 응집력이 매우 미약한 경우다. 이 유형은 상사의 리더십이 결여된 경우이거나 개인주의적 성향이 강한 직원들로 구성된 경우다.

넷째, 대립 분산형으로서 직원 간의 감정 대립이 심하고 직장의 구심점이 없는 경우다. 이런 유형의 직장에서는 사원들의 사기가 저하되어 직장의 만족도와 업무의 효율성이 떨어진다.

상사의 리더십과 성격에 대한 이해

두 번째로 신입사원은 상사의 리더십과 성격적 특성을 파악하고 거기에 맞추어 자기의 처신을 적절하게 조절하는 요령이 필요하다.

상사가 부하직원을 통솔하는 방식은 크게 전제형, 자유방임형, 민주형으로 분류할 수 있다. 대부분의 기관에서는 업무의 성격상 상사가 직원을 진두지휘하고 지시, 감독하며 평가하고 촉진하는 역할을 수행한다. 이러한 특성상 대부분의 상급자는 카리스마적이고 전제적인 리더십을 발휘하지 않을 수 없는 것이 사실이다. 창조적인 연구 개발 및 서비스와 관련된 경영 직종에서는 민주적 리더십을 발휘하는 상사들을 기대할 수 있다. 그러나 현실적으로 볼 때 한국 사회의 많은 기업체에서 민주형의 상사를 만나기는 그리 쉽지 않다고 예상된다.

직장생활에서 성공하려면 자기 업무에 최선을 다하는 것으로는 충분하지 않다. 제아무리 뛰어난 실력을 가지고 있고 또 최상의 업적을 이루고자 애써 노력했지만 상사가 그것을 알아주지 않는다면 너무나 애석하지 않겠는가? 그러므로 당신이 추가적으로 노력해야 할 부분은 상사에게 당신의 실력을 인정받고 신임을 얻는 일이다. 어떻게 해야 그것이 가능할까?

상사의 성격이나 리더십이 어떻든 간에 모든 조직체의 우두머리는 자기 기관의 업무가 정상적으로 잘 수행되고 있는지에 대하여 관심이 많다. 그리고 외부(소비자)의 반응이 어떠한가를 알고 싶어 한다. 따라서 당신은 상사에게 자기가 성취한 업무 내용을 보고하고 한걸음 더 나아가 그 기관에서 장차 대비해야 할 사항과 외부 세계의 반응 등에 대하여 믿을 만한 브리핑(briefing)을 해야 한다. 브리핑을 잘하는 능력이 직장에서 당신의 성공을 약속해 준다고 말해도 과언이 아니다.

상사에게 브리핑하거나 건의하는 기술

하루 업무가 시작되는 시점에서 직원은 조직의 장(長)이 어떤 지시를 내리기까지 수동적으로 기다리기보다는 먼저 인사를 건네고 그간의 경과를 능동적으로 보고하는 자세가 요청된다.

유쾌한 분위기에서 그날의 업무가 시작되도록 하는 것이 매우 중요하므로 간단한 안부와 개인적인 자기노출도 곁들인다.

"사장님, 지난 주말은 유난히 더운 날씨가 계속되었는데 혹시 좋은 곳에 가서서 더위를 식히셨습니까?"

"저는 꼬꼬탕을 들었어요. 사람들은 멍멍탕이 좋다고 그러더군요."

그리고 나서 브리핑할 자세를 보여 주도록 한다.

"지난 주간의 경과보고와 이번 주간의 계획에 대해서 잠시 말씀드리겠습니다."

브리핑을 할 때는 가능한 한 문서화된 자료를 책임자에게 전달하고 나서 요점별로 간단명료하게, 그러나 체계적으로 설명하도록 한다.

예를 들어 보자. 당신의 회사에서는 어떤 제품을 대중에게 소개하는 행사를 가지려고 계획하고 있는데 행사일까지 한 달이 남아 있다. 이때 당신의 브리핑 문서에는 대략 이런 내용이 들어 있어야 한다.

업 무	담당직원	점검기일
팸플릿 제작 및 발송		1차( )2차( )3차( )
연사섭외 - 강연자 ○○○, 레크리에이션 강사 ○○○		1차( )2차( )3차( )
참가자들 인적사항 및 참가 의사 확인		1차( )2차( )3차( )
행사장 준비 - 좌석배치, 음향기기 및 자료, 음료, 다과		1차( )2차( )3차( )
행 사 일		**담당직원**
고객안내		
행사소개 말씀과 레크리에이션	20분	
회장님 인사와 직원소개	10분	
제품소개 및 제품사용법 시범	20분	
질의응답	10분	
폐회 및 회사순회	10분	

브리핑할 때의 유념할 사항은 다음과 같다.

- 상사와 적절한 시선 접촉을 가진다.
- 너무 빠른 속도로 말하지 않으며 너무 느린 속도로 말하여 상사가 답답함을 느끼지 않도록 한다. 그 대신에 명료하게 또박또박 끊어서 요점 위주로, 명랑한 어조로 말한다.
- 상사의 지시를 듣고 난 다음에 상사에게 그 지시 내용을 다시 질문하여 확인받도록 한다. 상사가 원하는 것을 정확하게 파악하기 위해서 동일한 내용의 질문을 다른 표현과 예시를 써서 두세 번 질문하는 것이 좋다.
- 업무와 관련된 사항은 반드시 기록해 두어야 한다. 사람들의 기억은 정확하지 않아서 자기가 한 말을 잘못 알고 있거나 망각하는 수가 많다. 그래서 사장은 부하직원에게 어떤 지시를 내리지 않았음에도 불구하고 자기가 분명히 지시를 했다고 믿으면서 엉뚱하게 책임을 추궁하여 난처한 상황이 벌어질 수 있다. 그러므로 상사의 지시나 수정사항을 반드시 메모하도록 한다. 그리고 상사도 동일하게 브리핑 자료에 메모해 두는지를 확인한다.
- 상사에게 대답할 때는 확실하게 말하도록 한다. 가령 '개인별 판촉량에 대한 목표 달성을 언제까지 하겠느냐?'고 질문을 받았을 때 '××까지 노력해 보겠습니다.'라는 대답은 자신감이 부족한 인상을 심어 줄 수 있다. '××까지 달성하겠습니

다.'라고 말하는 것이 훨씬 더 확신감을 나타내 준다. 이와 동일하게 당신이 '~하는 것 같은데요.', 또는 '~하는데요.'라고 말하게 되면 당신은 우물쭈물하거나 흐리멍텅하게 보일 수 있다. 차라리 '~합니다.'라는 식으로 말하는 것이 당신에 대한 신뢰감을 심어 줄 수 있다.

직원은 자기가 소속된 조직체의 번영과 발전을 위하여 생산적인 아이디어를 제시하는 자세도 요청된다. 그 예로 '아이디어 네트워크' 창이나 컴퓨터의 게시판 사용을 건의할 수 있다. 대형의 조직체에서는 상부인사들이 직원들의 상황을 잘 파악할 수 없을 뿐더러, 가끔씩 중간관리자들의 편견으로 인하여 어떤 부하직원들의 업적이 부정확하게 보고될 수도 있다. 때로는 부하직원의 업적을 중간관리자가 마치 자기의 공로인 양 상부에 보고하는 경우도 있어서 직장의 사기가 저하되기도 한다.

이러한 폐단을 막고 자기 업체의 발전을 위해서 직원들이 공헌할 수 있게 컴퓨터의 게시판이나 네트워크 창을 마련하도록 상부에 건의하는 것이다.

상사에게 건의할 때는 상사의 성격적 특성을 파악하고 거기에 맞추어 처신해야 한다. 우리는 자기가 속한 회사에 유익한 아이디어를 개진하게 되면 상사가 열린 마음으로 그것들을 수용해 주기를 기대한다. 그런데 드문 경우지만, 회사를 위하여 얼마든지 좋은 의견을 개진하라고 말은 하지만 직원이 정작 좋은 아이디어를 제시하면 불쾌하게 생각하고 화를 내거나 면박을 주는 사장도 있다. 유능한 사장들 중에는 성격이 완고하고 남에게 지기 싫어하며 열등의식이 강한 성품을 가진 경우도 있다. 당신이 그런 성향의 사장에게 건의하는 경우라면 생각나는 대로 당신의 아이디어를 말할 것이 아니라 먼저 당신의 생각을 간결하게 글로 적어서 보여주어야 한다. 그리고 사장이 그 아이디어를 발전시킴으로써 그 아이디어를 조합하여 성공시킨 공로는 사장에게 돌아가도록 신경을 쓰는 것이 좋다.

"사장님, 문득 ……에 대하여 ~한 생각이 떠올랐어요. 제 아이디어는 여기까지이고요, 그 뒤에는 더 연결하기가 힘이 들었어요. 사장님께서 이 아이디어에 대해 한번 생각해 보십시오. 그리고 제 아이디어가 좋다고 여기시면 사장님께서 더욱 발전시키시면 좋을 것 같습니다. 사장님은 지금까지 여러 가지 사업을 하시면서 성공한 경험이 풍부하시니까 작은 씨앗을 가지고 멋진 열매로 만드실 수 있다고 믿습니다."

특히 추진력과 야심이 넘쳐 흐르는 상사 밑에서 일을 하게 될 때 부하직원은 제시간에 지시사항을 수행해 내기가 어려운 경우가 많다. 당신은 성급하게 일을 하다 보면 실수하기 쉽고 졸속작품이 나오며 일의 능률이 오르지 않는다는 것을 잘 알고 있는데, 사장에게 그것을 말하기가 매우 힘들어서 스트레스가 가중될 수 있다. 이때도 당신은 브리핑하는 방식으로 상사에게 접근하여 그 문제를 논의하고 조절하는 것이 좋다.

"사장님, 우리 회사의 ××업무가 성공을 거두어야 하겠지요. 이를 위해서 먼저 이 분야에서 성공한 몇몇 기관에 대한 정보를 수집할 필요가 있습니다. 그리고 그런 업체와는 차별화된 우리 회사의 고유한 특성이 나오도록 아이디어를 짜보고, 또 고객에게 문의하여 피드백을 받아 보아야 겠어요. 그리고 나서 소비자의 감각에 어필(appeal)하는 디자인과 광고 문안을 연구하면 됩니다. 이 각각의 과정에 사장님은 어느 정도의 시간이 소요된다고 보십니까? 일을 성급하게 추진하기보다는 좀 더 좋은 결과를 창출하기 위해서 업무 일정을 넉넉하게 시간을 두고 배정할 필요가 있다는 생각이 듭니다. 사장님께서 한번 검토해 주시기 바랍니다."

2

동료와의 관계에서
요구되는 대화기술

　직장은 자기 생업의 터전이요, 가장 많은 에너지가 투자되는 곳이기에 모든 사람이 자신이 속한 조직체에서 행복한 시간을 보내고 싶어 한다. 직장생활을 하면서 호의적인 동료와 우정을 맺기도 하지만 업무상의 갈등, 성격상의 마찰 등으로 동료에게서 크게 스트레스를 받을 수 있다. 또 승진을 앞두고 상사에게 실력을 인정받는 과정에서 동료 간의 관계는 보이지 않는 경쟁, 비열한 음모, 시기, 질투, 모함 등으로 불안과 위협을 주는 요소가 되기도 한다.

　당신이 지나치게 경쟁적이거나 적대적인 직장의 분위기 속에서 생활하게 되었다면 어떤 식으로 대인관계를 맺고 살아야 할지 난감할 것이다. 이럴 경우에 전문가들은 스트레스를 완화하고 자신을 도와줄 수 있는 지지세력을 확보하는 것이 중요하다고 말한다. 직장 내에서 당신이 편안하게 자신의 심경을 표현할 수 있는 사람을 적어도 한 사람이라도 만들어 가깝게 지내도록 하는 것이다.

그리하여 당신 쪽에서 그들에게 도움을 요청하고 친밀한 관계를 유지하도록 한다. 회사 안에서 지지자를 구하지 못할 경우는 외부의 상담 또는 자문기관이나 그 직장과 관련이 있는 단체와 연대를 취하도록 노력하는 것이 좋다.

하루 중에 가장 많은 시간을 보내는 곳이 직장인만큼 가능하다면 즐겁고 기분 좋은 관계 속에서 일을 하는 것이 바람직하다. 동료들과 협조적이고 우호적인 분위기에서 근무하도록 노력하며, 아침에 출근하자마자 경쾌한 인사와 가벼운 유머로 하루의 일과를 시작하도록 신경 쓰는 것이 좋다.

"○○ 씨, 오늘 아침 너무 즐겁고 행복해 보이십니다. 무슨 좋은 일이라도 생기셨나요?"

"○○ 선생님, 윤기나는 머리와 헤어스타일이 선생님을 십 년도 더 젊어 보이게 하는군요. 선생님 옷 색깔도 매우 산뜻해서 좋아요."

직원 간에는 상호 존경하는 자세로 생활하도록 유념해야 한다. 그것은 구체적으로 직원들을 존칭해서 부르는 것에서도 나타난다. 가령 직급이 낮은 직원이나 직급이 없는 아르바이트 학생들을 부를 때도 "어이~", "야, ○○"라고 하지 않고 "○○ 씨", "○○ 양", "○○ 간사", "○○ 주임님"이라고 불러주도록 한다. 그리고 명령이나 지시적인 말 대신에 정중한 요청의 말을 사용하도록 한다. "○○ 씨, ××좀 줘요."라기보다는 "○○ 씨, ××좀 주실래요?"라거나 "××좀 주시면 고맙겠습니다."라는 표현이 더 적합하다.

그리고 공무(公務) 중에는 개인적인 부탁이나 사적인 이야기를 지나치게 하지 않는 것도 예의에 속한다. 또 동료끼리 특정 직원에 대하여 험담하고 모함하는 일도 되도록이면 자제하고, 어려울 때는 피차간에 협조하고 자기의 이익만 챙기지 않도록 해야 한다.

관리자로서의 대화 능력

관리자 또는 상사는 부하직원의 관리, 지도, 변혁을 주도하는 리더다. 앞에서 언급한 바와 같이 농경사회와 산업화 시대에는 조직의 권한이 소수의 지도자 내지 경영자에게 속하였고 지도자의 명령과 지시가 다수의 직원에게 하향전달식으로 전해졌다.

그런데 21세기의 지식경제 사회에서 조직은 필요에 따라 신축적으로 해산과 결성이 가능한 팀 체제의 형태로 변하게 되었다. 관리자는 직원들과 다각적으로 의사소통을 해야 하며 외부와의 관계에서도 소비자와 직접적이고 개별적인 마케팅이 이루어지는 시대에 살고 있다. 그리하여 21세기의 조직체는 거미줄의 형태로 묘사되었다. 거미줄의 바깥층 부분에 새로운 구성원이 끼어들고 각 팀은 주변 팀들과 다각적으로 대화하고 연결되기 때문에 리더는 거미줄의 어느 부분에 속하거나 옮겨 다닐 수 있고 거미줄의 중앙에는 조직의 공동목표가 있다. 그리고 기업체의 상황이 수시로 변하기 때문에 상황적 배경에 알맞은 리더십이 요청된다.

관리자가 직원들을 업무(과제) 행동과 인간관계(배려) 행동 면에서 다루게 될 때 어떤 방법으로 대하는 것이 좋은가? 이 문제는 리더십과 관련된 의사소통의 능력을 언급하고 있다. 리더십은 관점에 따라 달리 정의(定義)된다. 정치학에서는 힘과 영향력을, 비즈니스 관리의 차원에서는 생산의 효율성과 상사 - 부하 간의 관계를 다루는 능력을 리더십으로 보고 있다. 역사학에서는 중요한 시기에 사회적 운동을 주도하여 영향력을 끼치는 능력을, 심리학과 사회학에서는 개인과 집단 간 상호작용의 과정에서 나타나는 인간관계적 능력을 리더십으로 보고 있다. 그러니까 리더십이란 한 개인이 집단의 공동 목표를 달성하기 위해서 의사소통의 과정을 통하여 집단 구성원들을 이끌어 가고 영향력을 행사하는 행동이라고 정의할 수 있다.

그렇다면 어떤 사람이 리더로 부상하는가? 역사적으로 지금까지 대두된 이론은 위인론, 특성이론, 행동적 이론, 상황적 리더십 이론, 영향력(카리스마) 이론, 상보적 이론의 여섯 가지다. 여기에서는 21세기에 각광을 받고 있는 서너 가지의 리더십에 대하여 잠깐 살펴보기로 한다.

21세기의 리더십

코미브스(Komives) 등은 21세기의 조직사회에서는 상황적 특성에 따라 각기 다른 리더십이 요구된다고 말한다. 지도자의 행동은 그때그때 처한 상황에 따라 달라야 하므로, 특정한 상황이 그에 요구되는 리더를 만들어 낸다고 본다. 그러므로 어떤 한 사람의 지도자를 무조건 선택하기 이전에 지금 처한 환경에 대하여 상세하게 검토한 다음에 그 상황에서는 어떤 자질의 인간을 필요로 하는가를 규명해야 한다는 것이다. 상황적 리더십 이론에서는 리더의 유형을 지시형, 위임형, 설득형, 참여형의 네 가지로 구분한다.

- 지시형은 리더가 직원에게 주로 할 일을 알리고 명령하는 유형이다. 마이크로소프트 사의 빌 게이츠, 소프트 뱅크 사의 손성의, 록펠러, 헨리 포드, 정주영 등이 이 유형에 속한다.
- 위임형은 리더가 직원에게 할 일을 위임하고 재량권을 주는 유형이다. 월트 디즈니, 앤드류 카네기, 루치아노 베네통 등이 여기에 속한다.
- 설득형은 리더가 자신의 생각을 구성원에게 설명하고 필요한 경우에는 애원하기도 하는 유형이다. 크라이슬러 자동차 회장이었던 아이아 코카, 힐튼 호텔의 창업주 콘라드 힐튼, 제너럴 일렉트릭의 잭 웰치 회장, 일본의 최고 택시회사인 MK그룹의 유봉식 회장 등이 여기에 해당된다.
- 참여형은 리더가 직원들과 함께 연구와 실험, 판촉 등에 뛰어드는 유형을 말한다. 일본의 도요타 자동차의 도요타 기이치로, 소니의 모리타 아키노, 아이비엠의 토마스 왓슨, 맥도날드의 레이크 락 등이 여기에 속한다.

연구결과에 따르면 신입사원이나 주로 육체노동을 하는 직원, 그리고 직원의 성숙 수준이 매우 낮은 경우는 지시적 리더십이 적합하다고 한다. 직원들의 성숙 수준이 중간 수준보다 약간 낮은 경우는 설득적 리더십이 적합하다. 그리고 그들의 성숙 수준이 중간보다 조금 높은 경우는 리더가 코치하면서 함께 참여하는 리더십이 적합하다. 유능하고 도전적이며 창의적인 직원이나 성숙 수준이 매우 높은 전문직 직원에게는 위임형의 리더십이 적합하다. 이들에게는 지도자가 전체적인 방향만 이야기하고 모든 업무를 그들에게 위임하면 창의력을 발휘하게 된다.

한편 직원들에게 뛰어난 영향력, 곧 카리스마를 보여 주는 리더는 리더의 능력이나 상황적 특성 때문에 그의 리더십이 돋보일 수 있다. 이런 리더는 구성원들에게 희망적인 비전을 제시한다. 그는 비전을 전달하는 표현능력이 뛰어나고 개인적 매력뿐만 아니라 강한 도덕적 믿음과 자신감을 가지고 부하들의 마음을 사로잡는다.

최근에 와서는 지도자와 추종자 간에 상호적인 목표와 동기를 중요시하며 그 관계에서 리더십이 발휘된다고 보고 있다. 이러한 상보적 이론 중에는 거래적 리더십과 변혁적 리더십이 등장하게 되었다. 특히 변혁적 지도자는 추종자에게 자유, 정의, 평등, 평화, 박애주의와 같은 높은 도덕성과 동기수준을 고취시키고 추종자는 그러한 리더의 사상과 활동에 함께 참여하게 된다고 보는 것이다. 이에 따라 지도자의 개념도 마더 테레사와 같이 '섬기는 지도자(servant leader)'로 변화되었다. 그리하여 지도자의 개인적 비전이 단체나 조직의 비전이 되고 궁극적으로는 사회적 비전으로 수용되는 것이다.

관리자로서의 대화 능력

당신이 상황적 리더이든, 카리스마적 리더이든 또는 변혁적 리더이든 간에 가장 중요한 능력은 갈등의 조정과 대화 능력이다. 조직의 업무가 다원적이고 업무량이 폭주하는 현대 사회에서 당신은 직원들과 사회의 소비자들 그리고 회사의 총수와 다각적으로 대화해야 한다. 따라서 많은 기업체가 관리자 교육과정에서 의사소통 기술을 훈련시키고 있다. 미국의 제너럴 일렉트릭 사에서는 리더가 직원들에게 자기존중감을 보여 주고 신뢰감을 형성하며 대인관계를 잘 맺고 발전시키는 능력을 필수적으로 구비해야 한다고 강조한다. 그러한 리더십은 'LEADER'라는 개념으로서 다음과 같이 소개되고 있다.

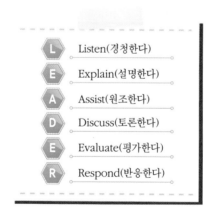

L Listen(경청한다)
E Explain(설명한다)
A Assist(원조한다)
D Discuss(토론한다)
E Evaluate(평가한다)
R Respond(반응한다)

직장생활에서의 대화

당신이 관리자라면 먼저 당신 자신의 리더십 유형이 어떤 것인지를 헤아려 보고 이어서 부하직원들의 특성을 파악할 필요가 있다. 그리고 나서 개개 직원들의 개성에 맞추어서 자신의 경영, 관리 스타일을 다소 신축성 있게 조절한다면 업무수행과 인간관계가 한결 수월해질 수 있다. 그렇게 되면 당신이 구성원들에게서 신뢰와 존경을 받게 되고 또 유능한 직원들을 다른 업체에 빼앗기지 않게 될 것이다.

현대의 직장은 종신직장이 아니다. 자기가 싫다고 하면 언제든지 떠날 수 있는 유동적인 사회다. 그러기에 사장-직원, 생산자-소비자, 정치가-유권자, 교수-학생, 남편-아내, 부모-자식 간에 서로 존경하고 대화로써 문제상황을 타개해 나가는 관리 능력이 더욱 절실하게 요청되고 있다.

당신은 중간관리자라고 하자. 당신은 부하직원을 효율적이고 원만하게 다스리고 싶은 마음으로 생활하고 있다. 당신이 보여 주어야 할 리더십에는 어떤 것들이 있는가? 그중에 몇 가지 사항만 지적하면 다음과 같다.

첫째, 부하직원들의 사기를 앙양시켜 주도록 한다. 그것은 개개 직원들의 능력과 강점을 인정해 주고, 칭찬과 격려로써 그들을 지지해 주는 것이다. 그리고 자기 자신이 회사에 대한 애정과 정열을 가지고 일하는 모습을 보여 줌으로써 일에 대한 사명감과 신념을 강화시켜 주는 것이다.

둘째, 자기 회사의 이념과 사업 방향과 과제에 대하여 확실하게 주지시켜 주는 일과 함께 각 직원들에게 부과된 업무의 성격과 마감일자 등에 대해서도 명확하게 말해 주어야 한다. 따라서 당신은 업무 개시 전과, 업무 수행 도중과 마무리 시점에서 반드시 부하 직원들로부터 업무 진척 사항에 대한 브리핑을 받아야 한다. 당신이 제아무리 바쁜 일정에 쫓기는 형편에 놓여 있다 하더라도 직원에게서 반드시 중간보고를 받도록 하고, 업무 이행 여부와 수정이 필요한지를 확인하며, 마무리까지 체크해야 한다. 특히 자기 회사의 문서가 대외적으로 나갈 경우에 편지나 서류 등의 문구에 대한 마지막 점검은 필수적이다.

셋째, 부하직원들을 교육시켜야 한다. 직원들에게 고객관리와 업무수행 및 브리핑과 관련된 글쓰기 요령을 구체적으로 교육시키도록 한다. 직원들은 특히 고객에게 자기 회사의 상품을 설명하는 면에서 능숙하지 못한 경우가 많다. 사원 중에는 고객에게 깊은 생각 없이 전문용어로써 설명하거나 논리적으로 납득이 될 만큼 충분한 자료를 제시하지 않고 의사를 전달하는 사람들이 많다. 가령 어떤 사원이 고객에게 "저희 회사 ××상품의 이점(利點)은 다른 회사의 ××보다 수익성이 두 배 정도 높고, 이자는 ○○%입니다."라고 설명한다고 하자.

당신은 그것을 다음과 같이 수정하도록 교육시킬 수 있다.

- 긴 문장 대신에 단문으로 끊어서 말하게 한다.
- 전문용어의 사용은 자제하고 쉬운 말로 풀어서 설명하게 한다.

- 구체적으로 예를 들어 제시하게 한다.

그래서 당신은 그 직원이 다음과 같이 말하도록 가르쳐 줄 수 있다.

"저희 회사의 상품은 다른 회사보다 두 배 정도는 이율이 높습니다. 예를 들어, 천만 원을 1년간 예치하면 이자는 ○○% 됩니다."

넷째, 부하직원을 감독하고 업무행동을 교정해 줄 경우에는 그의 인격을 존중해 주면서 지도해야 한다. 예를 들어 보자. 당신 회사에서는 기업체 진흥 프로젝트로 100억의 기금을 신청하는 서류 작업이 한창이다. 수개월 간 당신 부서의 직원들이 밤샘 작업을 해 왔고 이제 D-day 이틀 전이다. 그런데 영업부의 B과장이 어제 저녁에도, 그제 저녁에도 여덟 시경 슬그머니 사라졌는데, 오늘 아침에는 열 시경에야 나타났다. 당신은 팀장이다. 당신의 신경은 곤두서 있다. 자기 일에만 신경 쓰고 비협조적으로 나오는 B과장의 얼굴을 보자 당신은 화가 머리끝까지 치밀어 오른다. 이런 경우에 당신은 이성을 잃고 분노를 터뜨리기 쉽다.

"이봐요 B과장, 당신 정신이 있는 거요, 없는 거요? 이 많은 직원들이 밤 열두 시까지 일을 하고 또 새벽같이 나와서 마지막 작업을 하고 있는 참인데, 당신은 궂은 일은 나 몰라라 하는군요. 지금이 몇 신데 이제야 나타나는 거죠?"

비록 이와 같은 질책이 타당하다 하더라도 수많은 직원 앞에서 질책을 받아야 하는 B과장의 입장을 생각해 보라. 그 사건은 B과장과 당신의 관계를 경직시키고, 직장의 분위기에도 좋지 않은 영향력으로 파급될 수 있다.

부하직원의 행동을 교정할 필요가 있을 때는 공개적인 질책보다는 가만히 불러서 1:1로 만나 책임을 추궁하도록 해야 한다. 그리고 흥분된 목소리로 면박을 주지 않고, 객관적인 증거를 제시하면서 낮은 목소리로 맞닥뜨려야 한다. 그리하여 그의 인격과 자존심을 지켜 주려고 노력하며, 끝마무리를 긍정적으로 하도록 신경쓰는 것이 바람직하다.

마지막으로 당신은 자기에게 부여된 주도권과 권위를 보전해야 한다. 가령 당신보다 나이 많은 부하식원과 직부경력이나 노하우가 많은 실권자가 당신의 휘하에 있을 경우에도 당신은 의연하게 자신의 직책과 관련된 주도권을 능동적으로 행사해야 한다.

4

사 례

사례 1 　나를 모함하는 동료를 다루는 법

Q 저의 회사에 함께 근무하는 J씨는 표면적으로는 나에게 매우 싹
싹하고 친절합니다. 그런데 제가 없는 자리에서 저의 험담을 한
다는 사실을 얼마 전에 알게 되었습니다. 사실무근인 루머를 퍼뜨려 저
를 아주 나쁜 인간으로 만들어 놓았더라고요. 저는 치가 떨려 무슨 말
로 따져야 할지 모르겠습니다. 어떻게 말해 주어야 할까요?

A 우선 믿을 만한 동료를 통해 J씨가 당신에 대하여 어떤 루
머를 퍼뜨렸는지에 대하여 정확한 정보를 확보하십시오.
그리고 나서 J씨를 사적으로 조용히 불러서 정색을 하고 대강 다
음과 같이 이야기하십시오.

"나는 J씨를 아주 친절하고 좋은 사람으로 알고 호감을 가지고
있어요. 그런데 J씨가 나에 대해서 사실무근인 루머를 퍼뜨려 직

원들이 나를 아주 나쁜 사람으로 인식하고 있다는 것을 알고 너무 놀랐습니다. 화도 나고 몹시 괴로웠어요. 어떻게 된 거죠?"

그리고 J씨가 그 사실을 부인하는 경우에는 당신이 알고 있는 정보를 노출하여 더 이상 거짓말이나 발뺌을 하지 못하도록 차단하십시오. 그러고 나서 그의 체면을 살려 주도록 호의적으로 끝맺음을 하는 것이 좋습니다.

"J씨, 나는 J씨를 아주 좋은 사람으로 알고 있기에 도움이 필요하면 J씨에게 의뢰할 것이고 J씨에게 어려운 일이 생기면 도와주려고 생각하고 있었습니다. 이번 루머는 J씨가 어디서 슬쩍 들은 이야기를 나에 대한 사실로 간주하고 이야기한 것 같습니다. 앞으로도 나에 대해서 어떤 말들이 들릴 것 같으면 나에게 살짝 귀띔을 해서 반드시 사실을 확인해 주세요. J씨는 뒤에서 험담할 사람이 아니라고 믿어요. 이번 사건이 오히려 전화위복이 되어서 우리가 좋은 사이로 지낼 수도 있다고 봅니다. 나는 J씨를 믿어요. 그렇지요?"

사례 2 고객을 잘 대하는 대화기술을 알고 싶어요

Q 저는 미용실을 경영하고 있어요. 어떤 손님은 기분이 썩 좋지 않은 인상으로 들어와서 머리 손질을 받는 동안 내내 입을 다물고 있습니다. 저는 고객들에게 친절하게 대하고 싶은데 그럴 때는 말을 걸기가 곤란합니다.

A선생님은 고객에게 친절하게 대해 주려고 하는 서비스 정신이 뛰어나시군요.

경직된 표정으로 입을 다물고 있는 고객에게 선생님은 친절하게 대해 주고 싶지만 뾰족한 방도가 생각나지 않으시지요? 이런 고객은 무언가를 혼자서 골똘하게 생각하거나 휴식을 취할 시간이 필요한 사람일 것입니다. 그런 때는 고객의 그와 같은 욕구를 그대로 인정하고 수용해 주는 것이 오히려 더 좋겠지요. 고객의 심리상태에 공명하는 것입니다.

그러니까 선생님도 잠자코 머리 커트에만 열중하는 것입니다. 그래도 무슨 말을 해 주고 싶다면 고객의 마음을 헤아려 주는 방법이 있겠지요.

"저도 가끔씩은 기운이 빠지고 우울해지는 날이 있거든요, 사모님. 머리를 어떤 식으로 커트해 주기를 원하는지만 말씀해 주세요. 그리고 사모님께서는 두 눈을 감고 편안히 계십시오. 제가 정성껏 다듬어 드리겠습니다."

가족 간의 의사소통

사랑하는 남녀가 서로 한 몸이 되어 일생을 동고동락하기로 약속하여 결혼이 성립되면 그때부터 하나의 가정이 탄생한다. 부부로 맺어진 이들에게 자녀가 태어나게 되고 친인척 간에도 혈연적 관계를 맺게 된다. 이제부터 이들 남녀는 새로이 부부로서의 역할과 부모 역할, 자녀 역할 등의 복잡한 과업을 수행하게 되고 그 속에서 자신들의 행복을 가꾸어 나가게 된다. 가정은 우리의 보금자리다. 모든 인간은 행복한 보금자리를 가꾸어 나가고자 하는 꿈을 안고 있다. 그런데 행복한 가정을 영위해 나간다는 것은 결코 쉬운 일이 아니다.

부부가 장구한 인생을 살아가면서 수많은 문제가 발생하는데 그 많은 변화와 어려움을 직접 담당하고 씨름해야 하는 곳이 가정이다. 성격, 특성, 신념, 욕구, 성장 배경 등이 각기 다른 가족 구성원들이 한 울타리 안에서 저마다의 필요를 충족하기를 바라며 또 다른 사람들의 필요에도 응해 주어야 한다.

가족의 신체적 욕구, 안전의 욕구, 애정과 소속감의 욕구, 자기실현의 욕구를 만족스럽게 충족하도록 가족 구성원이 공동으로 노력해야 하는데 여기에는 부부의 성숙한 인격과 적응능력이 요구된다. 그런데 우리는 지금까지 가정 안에서 일어나는 복잡한 인간관계와 적응상의 문제를 만족스럽게 풀어 나가는 기술에 대하여 체계적으로 학습할 기회가 없었다. 부부간에, 부모-자녀 간에, 고부간에 어떻게 대화하는 것이 좋은지를 잘 알지 못하는 상태에서 부부는 상식적인 판단과 경험에 따라 대응할 따름이다. 그렇기에 사랑으로 맺어진 부부 사이에 만성적으로 홀대, 유기, 오해, 배신, 실수를 경험하게 되면서 사랑은 실종되고 가정이 해체되는 비극으로 몰고 갈 수 있다. 요즈음처럼 가정의 붕괴가 급속도로 확산되고 있는 시점에서 원만한 가정생활을 영위하는 데 필요한 대화의 기술을 익히는 일은 대단히 중요한 과제다.

이 장에서는 원만한 가정생활에 도움이 되는 내용으로서 가족관계의 역동성에 대한 지식과 바람직한 가족 대화의 요령에 대하여 살펴보기로 하자.

가족관계에 대한 이해

가족은 혈연으로 결합된 영구적인 집단으로서 개인의 인격 형성에 지대한 영향력을 끼친다. 따라서 오늘날 가족치료학자들은 개인이 보이는 심각한 정신장애와 적응곤란은 병리적인 가족체제의 증상이라고 간주한다. 우선 일반적인 가족관계의 특성을 살펴보자.

가족의 체제와 위계질서

가족은 남편과 아내가 중심이 된 하나의 조직체다. 그 조직체는 세 개의 하위체제인 부부체제, 부모-자녀체제, 형제체제로 구성되어 있다. 부부체제는 부부간의 친밀감을 공유한다. 부모-자녀체제에서는 부모가 자녀를 양육하고 자녀는 부모에게 효도하는 것이 기대된다. 형제체제는 부모의 사랑과 관심을 받는 과정에서 형제끼리 가장 민감하게 경쟁과 질투를 나타내는 체제다. 그럼에도 불구하고 형제간에 분명한 위계질서가 있고 같은 형제라는 의식과 친밀감을 나누는 체제다.

이들 하위체제에는 일정한 위계질서가 존재한다. 원칙적으로 부부가 가족공동체의 리더가 되며 가정의 대소사를 결정하고 이끌어 가는 일을 담당한다. 가정에서 자녀나 부모는 부부를 중심으로 하여 생활을 영위하는 것이 정상적이다. 그런데 어린 자녀들이 위계질서상 우위를 차지한다든지, 시부모(또는 친부모)가 주도권을 쥐고 부부의 생활에 깊이 관여하고 통제할 때 심각한 가족갈등이 대두될 수 있다.

하위체제 간의 경계선

하위체제 간에는 분명한 경계선이 있다. 부부는 부부끼리 의견을 나누고 많은 시간을 함께하는 것이 원칙이다. 그런데 아내는 대부분 자녀들과 시간을 보낸다든지, 남편은 가정의 중요한 사항을 주로 부모님과 상의하여 아내가 끼어들 여지가 없을 때 하위체제의 안과 밖을 구분해 주는 경계선이 붕괴된다. 이것은 가족에게 심각한 문제를 초래할 수 있다. 부부가 차지해야 할 안방에 친가(또는 시가)의 부모가 한쪽 배우자와 함께 앉아서 대화를 독점한다면 부부체제의 경계선이 무너지고 한쪽 배우자는 소외될 수 있다. 이처럼 부모-자녀체제의 세대 간 경계선이 혼동된 가정을 '밀착된 가정'이라 한다. 이것은 대개 부모에게서 심리적으로 독립이 이루어지지 않은 배우자와 결혼했을 때 봉착되는 문제로서 그가 한쪽 부모와 삼각관계를 형성하는 것이다.

한편 부모와 자녀 간에 전혀 대화가 통하지 않고 감정도 나누지 않은 채 부모는 오직 권위로써 자녀를 강압적으로 대하는 가정이 있다. 이런 경우에 자녀는 부모와 감정적으로 단절하고 지내며 형제끼리만 대화한다. 그처럼 경직된 경계선을 가진 가족을 '분리된 가족'이라 한다. 앞의 두 가족 형태는 역기능적이다. 기능적이고 적응적인 가정은 부모-자녀 간의 체제에 분명한 경계선을 두고 각 체제의 독자성을 인정하면서 동시에 상호 간에 협력하고 지지하는 형태를 취한다.

가족의 역할

가족의 역할은 크게 부부의 역할, 부모의 역할, 자녀의 역할로 나뉜다.

- 부부의 역할이란 남편과 아내 사이에 배려와 애정을 가지고 생리적(성적), 심리적 친밀감을 공유하고 서로의 발전과 성장을 도와주며 자기에게 주어진 책임과 역할을 성의껏 수행하는 것이다. 어떤 아내는 남편에게서 마치 어린 딸처럼 오로지 보호받기만을 요구하는 경우가 있다. 어떤 남편은 일체의 가사, 육아, 경제적 책임을 외면한 채 밖에서 자신의 감각적, 쾌락 추구에만 에너지를 쏟는 경우가 있다. 이것은 부부의 역할을 잘 수행하지 못하는 것이다. 극단적인 경우 한 지

붕 아래서 마치 동거인처럼 생활하기도 한다. 형식상 부부
일 뿐 심지어는 성생활도 따로 외부에서 해결하는 위장된 결
혼생활은 가족의 주요 기능이 부정되는 것이다. 이런 부부가
사교적 모임에 함께 나가게 되면 그곳에서는 부부가 마치 연
극하듯이 다정한 대화를 나누는 모습을 보이게 된다.

- 부모의 역할은 자녀양육과 자녀지도에 관련된 역할을 말한
  다. 부모 역할을 수행하면서 부부는 자신과 배우자가 함께해
  야 할 일과에 대하여 역할 분담을 충분히 인식하고 수용해야
  한다.
- 자녀의 역할은 자녀로서 성장, 발전하여 자기의 정체성을 찾
  아가는 일과 가족의 일원으로서 가족을 배려하는 일을 하는
  것이다.

가족 구성원 모두가 민주적으로 의견을 수렴하여 가족 역할을
부담해야 한다. 그리고 그 역할 수행이 제대로 되고 있는지를 평
가하고 조절해야 한다. 전통적으로 남편은 가정의 생계를 책임지
고 아내는 자녀양육을 책임지는 역할이 기대되었지만 오늘날에는
이 개념이 변화되었다. 각 가정의 형편에 따라 부부는 평등하게
이 두 가지의 역할을 어떻게 수행할 것인지 융통성 있게 조정해
나가야 한다.

가족의 권력

가족 안에서도 권력이 존재한다. 자녀는 부모의 지시에 따르고 부모는 자녀의 행동을 통제하는데, 이것은 부모가 가지고 있는 권력에 자녀가 순종하는 것이다. 전통에 따라서 그리고 가족의 생계를 책임지는 역할에 따라서 아버지와 어머니가 권력자로 임하게 된다. 그러나 어떤 가정에서는 가족 간의 정서적 유대가 강하고 매력과 능력이 뛰어난 사람이 주요 권력자로 지각될 수도 있다. 가정에서 어떤 문제가 발생했을 때 누가 그 문제를 거론하고, 주재하는가 그리고 가족원의 합의가 도출되지 못할 경우 최종 결정은 누가 내리는가를 보면 가족의 권력자가 누구인지 알 수 있다. 권력이 행사되는 과정은 토의, 논쟁, 설득, 강요, 협박, 자기주장 등의 다양한 방식으로 나타난다.

가정에서의 힘(세력)은 부부간에 평등하게 공유되어야 한다. 그리고 자녀에게도 가족의 역할 분배와 마찬가지로 어느 정도의 권한이 인정되어야 한다. 그것은 부모가 자녀에게 선택권과 자율권을 인정해 주는 것이다.

가족이 지키는 생활 규칙은 가족의 힘과 밀접한 관련이 있다. 자녀들에게 일정한 귀가시간을 합리적으로 세워 놓는 가정이 있는가 하면, 너무 융통성이 없는 규칙을 세워 놓거나 부모의 기분에 따라 일관성 없는 규칙을 세운 가정도 있다. 후자의 경우는 자녀에게는 힘이 거의 주어지지 않고 부모가 가족의 힘을 남용하는 경우다.

가족의 힘과 관련하여 세대 간에 '삼각관계'가 형성된다. 예를 들어, 가족 중에 어느 한 사람이 힘을 독점하여 고압적으로 군림하는 경우나, 한쪽 배우자가 상대방에게 대항하기 위하여 자녀를 자기편으로 끌어들여 결탁함으로써 힘을 행사하는 현상이 나타난다. 이와 같은 '편 가르기'를 가족치료의 이론에서는 '연합'이라 한다. 삼각관계는 제삼자를 끌어들이는 것뿐만 아니라 제3의 사항을 끌어들이는 현상으로 나타나기도 한다. 아내와 아들 사이가 또는 남편과 시어머니 사이가 너무 밀착되어 있어서 남편 또는 부인이 소외감을 느끼는 경우가 있다. 이러한 감정적 밀착을 '융합'이라 하며 그것은 다음 세대에 전수된다. 이때 소외된 남편이나 부인은 알코올중독 또는 일중독에 빠짐으로써 그런 관계에서 오는 긴장감을 해소하려고 할 수 있다. 가족관계 속에서 힘이 약한 사람이 유리한 위치를 확보하여 자기가 원하는 것(예: 인정과 보살핌)을 얻기 위한 수단으로 가출, 반항, 질병 등과 같은 문제 증상을 일으킬 수도 있다.

문제를 일으키는 가족 구성원

앞에서 언급한 사례와 같이 어느 가족 구성원이 가출, 반항, 심각한 질병의 발병과 같은 문제 증상을 일으킬 때 가족치료에서는 그 가족원을 IP(identified patient, 지목된 환자)라고 한다. IP는 왜 그런 행동을 일으키는가? 그것은 그가 부적응적 행동의 원인을 가지고 있기 때문이 아니라 그 가족구조 안에 역기능적이고 병리적인 원인이 있기 때문이다. 가령 식구 중 두 사람만이 너무 밀착된 관계를 가지고 있어서 자기는 철저하게 소외되고 감정적으로 단절되어 있거나, 매우 경직된 경계선과 융통성이 없는 가족 규칙 때문에 자기의 개성이 깡그리 말살되어 갈 때 그런 관계 속에서 고통받던 가족 구성원이 문제를 일으키게 된다는 것이다. 그러니까 IP의 증상은 IP의 가족이 무언가 잘못되어 가고 있다는 것을 예시하는 경고 신호이며 그가 살아남기 위해서 채택한 하나의 대처방식이다.

고질적으로 문제를 일으키고 만성적인 질병을 앓는 가족원의 근본 문제는 친밀감을 발전시키는 능력과 정체성(개별화)을 찾는 능력을 개발함으로써 해결될 수 있다. 가족상담 내지 가족치료에서는 상담자가 IP로 하여금 먼저 자신이 가족관계 속에서 어떤 감정을 느끼고 지내는가를 인식하게 한다. 그리고 그것을 말로써 표현하도록 도와준다. 이것은 IP 혼자서 또는 전 가족과 함께 가족의 가계도 그리기, 가족 조각하기, 역할놀이, 의사소통의 기술훈련 등을 사용하여 이루어진다. 상담자는 IP가 다른 식구들에게 과거와는 다른 방식으로 행동하고 역할을 해 달라고 요청하게 한다. 그리하여 비정상적으로 굳어졌던 IP 가족들의 교류를 재구조화시키는 것이다. 그 결과로 병리적인 가족 의사소통과 경직된 관계 유형이 변화되면 역기능적이었던 가족의 구조와 역동성이 건강한 방향으로 변화한다. 그리고 그것은 IP의 경험과 행동을 변화시킨다.

가족 간의 의사소통

가족 주기

　가족이 형성되고 발달하는 데도 여러 단계의 가족 주기가 있다. 그것은 가족형성기(신혼기), 자녀출산 및 양육시기, 자녀교육 시기(유치원, 초, 중, 고), 자녀의 성년기(대학-결혼 전), 자녀의 결혼 시기, 할아버지·할머니 시기(손자 출생 시기)로 구분된다.

　가족 주기마다 새로운 역할과 기능이 부부에게 요구되며 그에 따라 부부관계와 자녀관계도 달라지게 된다.

가족의 응집력

　가족 구성원 모두가 서로에게 관심과 애정을 가지고 있으며 대화를 주고받을 때 가족은 높은 응집력을 보여 준다. 이런 가정에서는 '우리는 한가족'이라는 일체감을 느낄 수 있다. 그런데 가족원 간에 대화가 거의 없고 애정표현이 매우 제한되어 있어서 각자가 개별적인 생활을 하는 가정도 있다. 가령 아버지는 회사 일로, 어머니는 교회 일로, 아들은 시험 준비로 바쁘다. 이런 가정은 응집력이 분산되어 있다. 한편 고부간의 불화가 심한 가정에서 나타나는 바와 같이 두 개 이상의 하위집단 사이에 서로 적대시하고 상호교류가 거의 없는 가정은 응집력이 분리되어 있다고 하겠다.

화목한 가정의 특징

　화목하고 건강한 가정과 기능적이고 적응적인 가족관계는 가족원끼리 대화를 나누고 갈등을 건설적이고 창의적인 방식으로 해결하며 모든 식구가 가정의 행복을 위하여 함께 노력함으로써 이루어진다. 대화의 중요성이 다시 한 번 강조될 필요가 있다.

성공적인 가족관계를 결정짓는 요인을 정리하자면 다음과 같다.

- 가족원은 자기 가정의 행복을 중요하게 여기고 그 책임을 공유한다.
- 가족끼리 정서적으로 지지해 준다.
- 효과적으로 의사소통한다.
- 가족이 함께하는 활동이 있다.
- 효율적인 문제해결 능력이 있다.
- 가족원에게 주어진 가족 역할을 잘 수행한다.

비효율적인
가족 대화

한 지붕 아래서 생활하는 가운데 가족 간에 빈번하게 교환되는 의사소통은 주로 업무적 성격을 띤 기능적인 것과 마음을 주고받는 정서적인 것으로 구별될 수 있다. 서로 간에 충족되어야 할 일상적인 안건을 이야기하는 것과 더불어 가족 간에 애정을 표현하기도 하고 짜증 나고 속상하고 화가 난 감정도 가끔씩 표현하고 사는 것이 정상적인 가정생활의 모습이다. '아빠, 등록금 좀 주세요.'라든지 '얘야, 네 방 좀 청소하려무나.'와 같이 요청, 지시, 상의하는 것은 기능적인 의사소통이다. 그리고 애정과 호감, 분노와 적개심 같은 감정을 표현하는 것은 정서적인 의사소통이다.

의사소통의 경로

가족은 어떤 경로를 통하여 의사소통을 하는가? 이는 각 가정마다 독특하다. 어떤 집에서는 아내와 사이가 좋지 못한 남편이 딸을 통해서 아내에게 의사를 전달하기도 한다. 또 어떤 남편은 자녀들에게 지시사항을 직접 이야기하지 않고 부인에게 말하여 부인으로 하여금 전달하도록 조처한다. 그러니까 대화가 일렬의 형태로 전달되는 것이다. 한편 어떤 가정에서는 특정한 가족원이 구심점이 되어 그를 중심으로 하여 나머지 가족이 대화를 나누는 형태, 즉 원형의 형태를 취하기도 한다. 이상적인 의사소통의 경로는 모든 가족원이 서로에게 대화를 주거니 받거니 하는 양방적(兩方的)인 형태다. 가정에서 나타나는 의사소통의 구조는 가족 권력에 중요한 영향력을 미치며 가족관계를 결정하는 중요한 요인이된다.

비효율적인 가족 대화의 형태

가족치료자들이 관찰한 바에 따르면 정신분열증 환자는 가족의사소통의 실패가 가져온 산물이라는 것이다. 폐쇄적이고 경직된 가족체제 안에서 여러 세대에 걸쳐 가족 구성원 간에 정상적인상호교류가 이루어지지 않을 때 어느 구성원에게 정신병리의 증상이 발현되는 것이다.

대화란 두 사람 간의 상호작용이 연속되는 과정이다. 그런데 어느 한쪽이 이런 상호작용의 연속적 흐름을 단절시키거나 대화 속에 들어 있는 요소들을 부정하는 경우가 있다. 이런 경우가 한두번으로 끝나면 두 사람의 관계에 큰 문제가 발생하지는 않는다. 그런데 잘못된 대화 형태가 반복되면 역기능적이고 비효율적인

대화방식이 고착된다. 그리고 가족체제의 경직성을 가져와 비정
상적인 기능을 고정시키는 작용을 하게 된다. 그러한 가족 대화의
형태는 다음과 같다.

① 가족 간에 대화를 하려 하지 않는다

예를 들면, 남편은 아내에게 '여보, 밥.' 또는 '잡시다.'라고 말하는
것이 전부이고 퇴근하여 집에서 하는 일은 신문 보고 TV를 보는 것
이 유일한 일과다. 아내가 투정을 부리면 한번 노려보거나 못 본
체하고 운동하러 집 밖으로 나가 버린다. 또 허구한 날 공부 핑계
로, 취미생활 핑계로, 사업 핑계로 식구들과 얼굴을 마주할 시간
이 없는 가족원은 비언어적으로 대화 기피의 의사를 식구들에게
전달하고 있는 셈이다. 그리고 표면적으로는 대화를 하고 있으나
진정한 교류가 거부되거나 차단되어 있는 가족이 많이 있다.

이외에도 상호 간의 진정한 의사교류를 거부하는 대화방식에는
다음과 같은 세 가지가 있다.

- 말하는 사람(송신자)이 자신의 주체성을 부정한다.
  남편: "자고로 아내는 남편에게 복종해야 해."
  아내: "나한테 꼭 그런 식으로 말해야 되겠어요?"
  남편: "내가 그렇게 말한 게 아니라 성경에 그렇게 쓰여 있
  　　　 어요."
  아내: ???

- 말하는 사람(송신자)의 마음을 듣는 사람(수신자)이 부정해 버린다(공감해 주지 않는다).

  아들: "요즈음 전 고민이 너무 많아요."

  어머니: "인생을 심각하게 생각하지 말아라. 잊어 버려!"

  아들: ???

- 말하는 사람(송신자)이 자신이 한 말을 부정한다.

  아내: "당신은 날 무시해요."

  남편: "내가 언제 당신을 무시했는지 한번 말해 봐요."

  아내: "당신이 꼭 그런 건 아니고 남자들이 대개 부인을 무시 한다고요."

  남편: ???

② 가족 간에 주어진 역할을 부정하고 다른 역할자로서 대화한다

부부의 역할은 상보적이지만 힘의 행사는 부부간에 평등한 위치에서 공유될 때 건전한 애정생활이 유지될 수 있다. 그런데 남편은 월등한 힘을 행사하며 아내에게 남편 역할 대신에 죄인을 다루는 듯한 검사 역할을 하고 아내는 아내 역할 대신에 피고인 내지 죄인과 같은 역할을 담당하는 방식이 고착된 가정이 있다. 그리하여 남편은 아내를 오로지 비판과 질책으로 다루고, 아내는 눈물과 변명과 원망으로 자기를 표현하는 것이다.

③ 가족을 비난하며 상대방에게 책임을 전가하는 방식으로 말한다

가족 중 한 사람이 자기의 정당성을 입증하기 위해서 상대방을 맹렬하게 헐뜯고 공격하는 경우가 있다. 가령 알코올중독자인 남편은 아내를 고의적으로 괴롭히는 사례가 비일비재하다. 그의 숨은 의도는 자기가 알코올중독자라는 약점을 은폐하기 위해서 아내의 과오를 더욱 강조하려는 것이다. 그래서 "보아라. 당신이 이렇게 나를 못살게 구는데 내가 어찌 술을 마시지 않겠느냐?"라고 합리화하는 것이다.

④ 혼합 메시지를 사용하거나 서로 다른 방식으로 대화한다

언어적–비언어적 불일치를 나타내는 대화는 가족에게 혼란감을 느끼게 한다. 그리고 남편은 디지털 대화를 하고 부인은 아날로그 대화를 하는 경우에 부부는 서로를 이해할 수 없고 갈등이 심화될 수 있다. 예컨대, 남편은 "도대체 말 좀 해 봐요. 그래, 문제가 뭐예요?"라고 질문하는데 부인은 계속 울고 있거나 화만 내는 경우가 여기에 해당한다.

⑤ 문제해결은 뒷전으로 하고 엉뚱하게 '힘겨루기(power struggle)'로 발전시킨다

대칭관계에 있는 두 사람이 힘으로 우위를 차지하기 위해서 상대방을 비난, 조롱하며 끝없는 말싸움과 경쟁을 계속하는 경우가 있다. 또 상보관계에서 우위에 있는 사람이 협박, 심문, 설교식의

말로 아랫사람을 강압적으로 억누르고 자기의 힘을 과용하는 경우가 있다. 이런 경우 정작 해결해야 할 문제는 그대로 방치한 채 엉뚱하게도 말싸움의 악순환에 말려들게 된다.

두 사람 사이의 의사소통은 이처럼 복잡하다. 대화자도 듣는 사람도 모두 문제점을 안고 있고 거기에 환경적 장애와 상호 간의 성격, 욕구, 가치관, 성장 배경, 문화적인 차이점까지 합쳐져 원활한 의사소통은 저해받는다. 이 같은 복합적인 요소가 끼어들기 때문에 어떤 문제가 발생하여 그 문제를 해결하고자 대화를 시도했다가 오히려 문제가 더욱 악화되는 경우가 허다하다.

그러나 두 사람 중 어느 한쪽이 탁월한 의사소통의 능력을 가지고 있으면 문제나 갈등의 해결이 훨씬 용이해진다. 이것이 리더십이다. 상대방의 감정과 욕구를 파악하고 그것을 자기의 말로써 바꾸어 전달해 줄 때 듣는 사람은 자기가 제대로 이해받았다고 느끼게 된다. 그러고 나서 상호 간에 만족할 만한 해결방안을 논의하고 타협하고 합의점을 이끌어 낼 수 있다. 그러니까 리더십이란 대인 간의 문제나 사업상의 문제, 국가, 종족 간의 갈등을 언어로 풀어 나가는 능력이라고 할 수 있다. 리더란 쌍방 간의 관계에서 주도적으로 영향력을 행사하여 관계를 호전시키는 사람이다. 리더의 능력은 다분히 의사소통의 능력과 병행한다고 할 수 있다.

3 바람직한 가족 대화

모든 사람의 한결같은 소망은 사랑하는 사람과 보금자리를 가꾸고 그 속에서 가족끼리 오순도순 정을 나누면서 행복하게 사는 것이다. 그러기에 우리는 어떤 식구가 아플 때면 밤을 새워 간호하고, 자나 깨나 그들이 건강하고 행복하기를 기원하는 것이다. 그런데 정작 가정생활의 내면을 살펴보면 마치 원수끼리 맞대고 사는 것처럼 보이는 경우가 있다. 남남끼리는 예의를 갖추고 공손한 말씨와 태도로 대하면서도, 정작 가족 간에는 예의와 공손한 태도가 실종된 채 서로 소리 지르고 욕하고 미워하는 경우가 허다하다. 그 결과 서로 상처받게 되고 심한 경우에는 만성적인 불화와 가정파탄까지 초래할 수 있다. 그렇다면 어떻게 해야 할까?

첫째, 때에 따라 가족에게 부정적인 태도를 솔직하게 보이되, 그것이 가져다주는 상처를 보상하기에 충분한 정도의 긍정적인 태도로 임해야 한다.

한국 사람들의 언어양식은 비언어적인 의사소통에 많이 의존하고 있고, 솔직한 자기표현을 억제하면서 상대방이 자신의 생각과 감정을 제대로 헤아려 주기를 막연하게 기대하는 경향이 있다. 그리고 자기를 억제한 끝에 자신의 부정적인 감정을 매우 과격하게 표현하는 경향이 있다.

예를 들어 보자. 형제간이나 자녀에게 몹시 실망하고 있는 사람이 "네 ××놈, 가만 두지 않겠다.", "내 앞에 다시는 나타나지 말고 썩 꺼져라."라고 호통을 치지만, 그의 내심은 상대방과 영원히 관계를 단절하려는 것이 아니라, 상대방을 사랑하고 있는 것이다. 그러나 평소에 상대방에 대한 긍정적인 표현을 해 주지 않고 지내다가 이와 같은 극단적인 표현을 하게 되면 상대방은 말할 수 없이 큰 상처로 괴로워하게 된다. 그런 언동은 상대방이 그에 대해 많은 세월 동안 쌓아 왔던 애정을 일시에 무너뜨려 버리고, 가슴 속에 날카로운 비수로 상처를 남겨 주는 것이다.

따라서 우리는 "넌 도대체 마음에 들지 않아.", "넌 미워."라는 메시지를 보내기 전에 그에 대한 애정과 관심을 보임으로써 긍정적인 관계를 수립하고 생활해야 한다. 그리고 질책과 훈계와 부정적인 감정 등을 표현한 다음에는 적절한 시기에 "난 네가 좋아, 너를 믿어.", "넌 예뻐."라는 메시지를 충분히 전달해서 상대방과의 관계에서 균형을 회복하도록 노력해야 한다.

둘째, 가족 간에 칭찬과 감사를 표현하는 것이 습관화되어야 한다. 우리는 가족 간에 서로 좋아하며 사랑하고 있다는 것을 이심전심으로 알고 있으리라고 기대한다. 그러나 말과 행동으로 그것을 표현하지 않으면 상대방은 우리의 애정을 느낄 수 없고 오히려 오해할 수 있는 경우가 많다. 그러므로 가족에 대한 사랑을 상호 간에 칭찬과 감사를 표현하는 방식을 통해서 전달할 필요가 있다.

남편은 적극적으로 아내와 자녀를 칭찬하도록 한다. "당신이 만든 된장찌개는 참 구수해요. 당신 솜씨는 알아줘야 한다니까."라고 말할 수 있다. 그러면 아내는 "내가 만들어 주는 음식은 아무거나 잘 먹으니까 얼마나 좋은지 몰라요. 또 당신과 아이들이 건강해서 참 감사해요."라고 맞장구를 치도록 한다.

저자가 보급하고 있는 '적극적인 부모역할' 프로그램에서는 가족끼리 주기적으로 가족회의를 통하여 구성원 간의 사소한 갈등을 풀어나가도록 강조하고 있다. 가족회의를 시작하는 첫 번째 순서는 가족원들에게 그동안 느꼈던 감사의 말을 표현하는 것으로 되어 있는데, 이러한 의식(儀式)을 우리네 가정에 도입하여 실천하는 것이 아주 바람직하다고 본다.

셋째, 신체언어로 사랑을 표현하도록 한다.

한국인은 비언어적인 의사소통에 익숙한 문화에서 생활하고 있고, 특히 한국 남성들은 이러한 면에서 더욱 두드러진 특성을 가지고 있다. 남자들은 자신의 감정, 그중에서도 부드럽고 따뜻한 정서를 언어로써 표현하는 데 매우 서투르다. 그렇지만 신체언어로 표현할 수는 있다. 표정과 태도는 말보다 더 크게 말한다. 그러므로 가장(家長)인 남성이 언어로 "난 당신을 사랑해.", "난 네가 정말 맘에 드는구나.", "넌 대견해."라는 마음을 표현하기가 부자연스럽다고 느낀다면, 표정과 몸짓으로 자신의 마음을 십분 표현할 수 있다.

가장(家長)은 한 달에 한두 번쯤은 가족원 하나하나에게 그윽한 눈길 보내기, 등 토닥거려 주고 안아주기, 미소, 고개를 끄덕거리고 두 팔을 벌려 환영하기, 그리고 낮고 부드러운 어조로 동의를 구하는 형태로 말하기 등을 실천해 보자. 그러면 가족원에게서 아주 놀라운 반응이 나타날 것이다.

넷째, 상대방에 대한 사랑은 존중하는 말씨와 배려하는 태도로 표현되어야 한다.

나를 비롯하여 많은 한국인이 한편으로는 겸손하고 자기 억제적이면서 또 다른 한편으로는 매우 직선적이고 공격적으로 자기표현을 하는 경향이 있다. 즉, 우리는 소극적이거나 공격적으로 대할 뿐이고, 주장적으로 자기표현하는 데에는 아직도 서툴다고 말할 수 있다. 그리하여 상대방에게 입을 열어 자기표현을 할 시점에서는 상대방의 입장, 위치, 의도 등을 배려하지 않고 자기가 생각하고 판단한 대로만 과격하게 표현하는 사람들이 상당히 많다. 이 점은 우리가 자녀를 교육할 때도 신중하게 고려해야 하는 사항이다.

　부모나 배우자가 마음속으로는 가족을 사랑하면서도, 의견충돌이 일어날 때 발끈하여 화를 내고 욕설, 비난, 폭력을 행사하는 수가 있다. 이때 특별히 유념할 점은 극단적인 말과 폭력을 자제해야 한다는 점이다. 아버지나 남편에게서 가혹한 말과 손찌검으로 마음과 신체에 상처를 받게 되면 자녀나 배우자의 자존감, 가치감, 소속감은 여지없이 무너지게 되고, 사랑의 감정은 시들어 버린다. 사랑은 상대방의 인간적 준엄성 내지 인격이 존중되는 방식으로 표현해야 상대방의 마음에 전달될 수 있다. 사랑의 감정만으로는 결코 완전하지 않다. 우리는 가능한 많은 애정 단어와 비언어적 의사소통을 익히고, 근본적으로 한 인간을 소중하게 여기는 태도로 가정생활에 임해야 한다.

❛❜
사 례

사례 1 어렵게만 느껴지는 시부모와 친정 어머니에게 무뚝뚝한 남편

Q 저는 결혼한 지 5년이 넘었습니다. 저의 친정은 경제적으로 여
유는 없지만 형제간들이 그런대로 열심히 노력하고 사는 집입니
다. 모든 면에서 월등한 시댁 식구들이 저희 부부의 결혼을 크게 반대
하였고 마지못해 허락하셨습니다.

제가 맏며느리인데 아직도 명절 때만 되면 시누이를 비롯하여 시댁
식구들은 똘똘 뭉쳐 깔깔거리면서 즐거운 시간을 보내는데 저 혼자서만
잔뜩 긴장한 채 음식 준비를 합니다. 그럴 때마다 저는 말할 수 없는 소
외감을 느낀답니다. 그래서 명절에는 어김없이 변비와 설사와 두통으로
고생을 합니다. 학벌이 저보다 월등한 시누이들의 냉대하는 듯한 태도
도 견딜 수가 없습니다. 시부모님은 저희 두 아이들은 귀여워하시지만,
며느리는 아직도, 아니 영원히 마음에 들지 않으신가 봅니다. 특히 시
어머님은 저를 무시하고 싫어하시는 것이 심하십니다. 저는 울기도 많

이 했어요.

저의 친정 엄마도 은근히 스트레스를 받으시지요. 과묵한 제 남편의 성격 탓이겠지만 저의 엄마가 아이들을 돌봐 주시기 위해서 며칠씩 저희 집에 와 계실 때는 사위가 어렵고 서먹서먹하다고 말씀하십니다.

해묵은 감정을 삭이고 시댁 식구들과 서로 편한 사이로 지낼 수 있는 방법이 없을까요? 제발 알려 주세요.

― 사랑이 엄마

A 사랑이 엄마의 가슴 아픈 마음을 그대로 느낄 수 있습니다. 지면 관계상 길게 이야기를 듣지 못한 관계로 자세한 사정을 잘 알지 못한 상태여서 제가 간단하게 몇 마디 충고만 제시하는 것이 무리겠지만, 대략 기본적인 방향만 제시하면 다음과 같습니다.

첫째, 마음속에 깊이 뿌리박힌 상처를 인식하고 스스로 자기 치유를 하도록 하십시오. 사랑이 엄마가 법적으로 윤리적으로 큰 잘못을 범한 죄인도 아니며, 젊은이들이 서로 사랑하여 결혼한 것이기 때문에 사랑이 엄마는 인격적으로 존중받고 행복하게 살 권리가 있습니다. 지금은 두 아이의 엄마입니다. 그 집안의 맏며느리로서 정당한 대우를 받을 권리가 있습니다. 그런데 시댁 식구들이 당신을 존중해 주고 사랑해 주지 않는다면, 남편이 비록 당신을 사랑해 준다고 하더라도, 당신은 상처받은 마음으로 스트레스,

분노, 우울증, 소화 장애 등을 겪게 되겠지요. 결국 자기만 손해인 것입니다. 따라서 당신 쪽에서 스스로 자신을 위안하고, 행복해지도록 노력하여 자기의 인간적 존엄성을 지키시기 바랍니다.

"나는 소중한 인간이며 이 세상에 유익을 끼치는 사람이다. 나는 사랑스럽고 사랑받을 가치가 있다. 나는 행복할 권리가 있고, 나는 나의 행복을 굳게 지킬 것이다."

이렇게 독백하고 자기 암시하십시오. 그리고 자신에게 기쁨을 가져다 줄 수 있는 일, 취미, 봉사, 사교 생활을 개발하여 행복하도록 하십시오. 그리고 그 행복을 타인에게도 나누어 주는 적극적인 사람이 되십시오.

둘째, 당신의 마음속에 있는 분노, 증오, 원망의 감정을 잘 다스리십시오. 시댁 식구들에 대한 억울한 감정이 당신에게서 사라지지 않는 한 그들과 편안하고 즐거운 관계를 갖기가 매우 어려울 것입니다. 나를 멸시하는 시댁 식구들이 괘씸하여 견딜 수 없다고 생각하면 그들에 대하여 미운 감정이 일어나고, 내가 억울한 대접을 받고 있다고 생각하게 되면 화가 날 것입니다. 따라서 그런 생각을 바꾸면 그들에 대한 감정도 변하게 됩니다. 자기 생각을 검토해 보고 그 생각 속에 들어 있는 비합리성과 손해되는 점들을 발견해서 자기 생각을 합리적인 것으로, 정신건강에 유익을 주는 방향으로 고치도록 도와주는 엘리스(Ellis)의 합리적 정서적 행동 치료(REBT) 이론이 있습니다. 자, REBT로 사랑이 엄마의 생각을 검토하고 수정해 보도록 합시다. 사랑이 엄마는 이런 생각을 간직하고 있을 겁니다.

① 시부모님은 순수한 아들-며느리의 사랑을 용납하지 않고 결혼을 반대했는데 그런 행동을 해서 우리 부부를 불행하게 만들면 절대로 안 된다. 게다가 두 손자까지 낳은 며느리를 아직까지도 무시하고 있는 시댁 어른들은 도저히 용서할 수 없다. 그들은 나에게 정당한 대우를 해 주어야 한다.

② 일류대학 출신의 시누이가 나의 친정배경과 학벌이 보잘것없다고 하여 나를 멸시하는 것은 도저히 견딜 수 없다.

여기서 당신 생각의 비합리성은 '반드시 ~해야만 된다.', '~해서는 절대로 안 된다.', '~이 끔찍하고 몸서리쳐지고 견딜 수 없다.'는 생각들입니다. 그것을 '~해 주었으면 좋으련만.', '나는 그들이 ~해 주기를 원한다.', '~이 대단히 섭섭하지만 나는 그런대로 견딜 수 있다.', '~한 것이 이 세상의 끝장은 아니다.'로 바꾸어 생각하면 당신은 합리적인 사람이 되고 세상을 보다 더 넓은 안목에서 보게 되어 정신건강에 유익합니다. 이러한의 생각을 다음과 같은 내용으로 대체해 보세요.

① 시부모님께서 순수한 우리의 사랑을 귀하게 여기고 나를 며느리로 받아들였다면 참으로 좋았을 텐데, 일이 그렇게 되지 않아서 대단히 섭섭하다. 그러나 연애감정을 이해하지 못하는 완고한 기성세대 중에는 아들을 결혼시킬 때 양가의 조건부터 따지는 분들이 있다. 우리 시부모님도 그런 분들 중에 하나라면 내가 그들

의 마음을 강제로 변화시킬 수는 없다. 결혼한 지 5년이 넘고 손자도 두 명이나 낳았으니까 지금은 나를 이 집안의 맏며느리로 인정해 주고, 시부모님께서 과거와는 달리 따뜻하게 대해 주면 정말 좋겠다. 나는 그걸 간절히 원한다. 그러나 대단히 섭섭하게도 우리 시부모님께서는 완강한 고집을 누그러뜨리지 않는데 내가 그분들을 용서하지 않는다고 해서 무슨 좋은 일이 생길 것인가? 사이만 점점 더 나빠질 것이다. 이 세상에는 죽는 순간까지 부모와 자식이 원수처럼 지내는 경우도 있다. 편협한 시어머님이 돌아가실 때까지도 나를 미워한다? 그건 대단히 섭섭한 일이지만 어쩔 수 없지, 내가 달리 강요할 수는 없는 일이니, 나는 나의 도리만 잘 해 드리면 된다. 그렇다고 해서 내 인생이 끝장나는 것은 아니다.

② 시누이들이 황금만능주의의 인생관으로 사람을 차별대우하고, 그래서 나를 멸시하는 것은 정말 섭섭하기 그지없는 일이다. 그렇다고 내가 그것을 참을 수 없고 견뎌낼 수 없는 것은 아니다. 지금까지 내 자존심이 몹시 상했고 그들에게 열등감도 많이 느낀 것이 사실이다. 그러나 곰곰이 따져 보자. 학벌, 지위, 물질과 같은 외적 조건은 일생 중 언제든지 변할 수 있다. 그런 것으로 사람을 평가하는 것은 천한 태도다. 인간미 있고 남을 배려하고 성실하고 정직하게 사는 것, 이런 정신적인 가치가 더 소중하다. 나는 그런 정신적 가치를 가지고 열심히 살 것이고, 그런 가치관을 가지고 사는 사람들을 사랑할 것이다. 그러니까 내가 정신적으로 시누이들보다 더 성숙하고 더 아름답다. 그들의 평가에 좌우되어 서

가족 간의 의사소통

러워하거나 열등감을 느낄 필요가 없다. 그들이 나를 멸시하든 말든, 나는 꿋꿋하게, 부지런히, 겸손하고 행복하게 내 보금자리를 지킬 것이다.

앞에서 살펴보았던 부정적인 생각들이 이런 생각으로 대체된다면 시댁 식구들에 대한 원망, 섭섭함, 분노의 감정이 많이 사라지게 될 것입니다.

또 이와 함께 자신의 생각을 면밀하게 검토해 보도록 하세요. 인간이 상대방의 행동을 보고 상대방의 마음을 읽는 과정 속에는 엄청난 오류가 들어 있습니다. 다시 말해서 우리는 사람의 마음을 정확하게 읽지 않고, 자기 자신의 선입관이나 상대방을 보고 느낀 인상 등에 의해서 잘못 판단하기 쉽습니다. 제가 확실하게 말할 수 있는 상황은 아니지만 이런 측면을 한번 생각해 보십시오. 시부모님은 사랑이 엄마가 결혼할 당시에 너무도 완강하게 반대하는 입장을 취했기 때문에 지금에 와서 며느리에게 미안한 마음이 있는데 그것을 표현하기가 쑥스러워서 말을 별로 하지 않고 있는 것인지도 모릅니다. 그러나 내면으로는 이미 맏며느리로 받아들였고 어떤 면으로는 사랑이 엄마가 마음에 들고 좋아하는 면도 있을 것입니다. 그런데 혹시 시어머님의 평소 언어 습관이나 얼굴 인상이 차갑고 교만하게 보이는 것은 아닐까요? 또 다른 사람들에게도 비교적 자상하고 인자로운 모습을 보여 주지 않고 사시지는 않을까요? 시어머님이 평소의 성격과 습관대로 응대해 주었는데 당신에게는 시어머님의 말씨나 표정이 과거에 당신에게 면박을 주었던 때와 똑같은 것으로 비쳐졌고, 그것은 곧 가슴 아픈 과거의 장면을 다시금 회상하게 할 수도 있습니다. 아무런 뜻 없이 한 말이 사랑이 엄마의 뿌리 깊은 상처와 열등감을 건드리고, 그래서 당신은 시어머님이 아직도 당신을 배척하고 있다고 판단하게 되고, 그래서 몹시 불쾌하고 고통스러운 감정이 지속되고, 그 결과 불편한 관계의 골이 점점 더 깊어지는 악순환이 되풀이되는 것일 수도 있습니다. 또 똑같은 말이라도 당신이 기분 좋은 상태에서는 좋게 들리는데 기분이 좋지 않을 때는 기분 나쁘게 들리는 것입니다. 그러니까 사랑이 엄마가 시부모님을 대할 때 명랑하고 행복한 마음으로 대하기보다는, 눈치보고 의심하며 부정적인 것을 기대하고 있는 상태라고 가정해 봅시다. 시아버님이 아무 말도 하지 않고 계시는 것은 그저 편안한 심정으로 침묵하고 계실 뿐입니다. 그런데 당신은 지금 시아버님이 날 못마땅하게 보고 있을 것이라고 지레짐작하고 기분이 나쁜 상태입니다. 이런 경우에 시아버님의 침묵을 당신은 '배척'으로 해석할 수도 있습니다. 그러므로 자신을 잘 성찰해 보십시오.

셋째, 사랑이 엄마는 젊은 나이에 누구나 다 그러하듯이 환경에 지배받는 역할에 익숙해 있지만, 앞으로는 자기 쪽에서 능동적으로 환경에 영향력을 미치는 사람이 되려고 하십시오. 그것은 리더십과 관련이 있습니다. '시댁 식구들이 나를 배척하니까 나는 별수 없이 억울하고 슬픈 운명을 살고 있다.'라는 생각에서 벗어나세요. '시댁 식구들이 나를 배척하고 무시함에도 나는 밝고 능동적으로 내 운명을 개척할 것이다.'라는 신념을 가지십시오.

그리하여 '시댁 식구가 나를 싫어하니까 나도 별수 없이 그들과 거리감을 둔다.'라는 입장을 버리세요. 그 대신에 '시댁 식구들이 나를 싫어하더라도 나는 짝사랑을 하듯이 그들을 좋아하고 존경할 것이다.'라고 결심하고, 진심에서 그들을 좋아하고 존경하십시오. 사람들은 누군가가 자기를 진심으로 좋아하면 그 사람에게 호감을 느끼게 되어 있습니다. 이심전심이지요.

자, 그럼 지금부터는 객관적인 안목으로 시부모를 평가해 보도록 합시다. 시부모님께서 오늘날과 같은 위치에 오르기까지는 피눈물 나는 노력과 성실성 있었을 것이고 일생 동안 살아오시면서 아마도 여러 사람에게 도움의 손길도 제공해 주셨을 것입니다. 그러므로 당신은 비록 감정적으로는 시댁 식구들이 혐오스럽지만, 이성적으로는 그들을 존경할 수 있습니다. 당신 마음속에서 존경과 호감의 감정이 먼저 흘러나오도록 노력하세요. 또 시부모님께서 한가할 때는 친구들과 즐겁게 담소하는 모습을 볼 수 있을 겁니다. 그때의 시부모님은 매우 인간적이고, 사랑이 엄마도 마음 편하게 다가갈 수 있는 모습이 아닐까요? 그분들이 당신에게 섭섭하게 했던 일들은 다 접어 버리세요. 우리는 모두 불완전한 존재이니까요. 과거를 잊을 수는 없지만, 이해와 포용은 가능합니다.

당신이 그들을 좋아하는 순간에는 진심어린 표정으로 "……은 참 좋아하고 닮고 싶다." 또는 "……이 존경스럽다."고 표현하십시오.

여기서 중요한 점을 지적해 드리겠습니다. 우리의 감정은 언어를 통해서 전달되기보다는 신체를 통해서 훨씬 더 많이 전달됩니다. 신체언어가 더 정확하고요. 입가에 미소를 띠고 지긋이 시부모님을 바라보면서 낮은 목소리로, 그러나 몸으로는 아주 반갑고 즐거운 듯이 말씀하세요. 때로는 긴 말을 하지 않고 다만 표정과 몸짓으로도 그들을 좋아한다고 표현해 보십시오. 그러면 시부모님과 당신 사이에 아주 신기한 변화가 일어날 수 있습니다. 긍정적인 감정의 흐름이 교류될 테니까요. 가까운 가족이 영원한 타인으로 지낸다는 것은 참으로 비극적인 일이 아닐 수 없습니다.

넷째, 자기를 심리적으로 지지해 주는 집단을 찾으십시오.

가장 가까이서 찾자면 시누이들입니다. 시누이들이 비록 당신을 무시한 적인 있지만 지금은 많이 달라졌을 것입니다. 시누이쪽에서 가지고 있는 아주 사소한 장점이나 고마웠던 말 한마디를 기억했다가 그것을 글로 표현하여 편지나 e-메일로 가끔씩 보내는 것이 좋겠습니다.

"○○아가씨, 옛날에 ……해 주신 것이 너무도 감사해요. 제가 죽는 날까지 그 고마움을 가슴 깊이 간직할게요. 아가씨도 아시다시피 저는 여러 가지로 부족합니다. 그러나 이 집안을 위해서 최선을 다하려고 하는 저의 마음을 알고 계시겠지요? 아가씨가 도와주시니 저는 든든해요. 저를 도와주는 아름다운 천사로 계속 제 곁에 남아 주세요."

부부 생활-결혼 생활은 모든 사람에게 참으로 힘들고 도전적인 삶의 과제가 아닐 수 없습니다. 그러므로 모든 부부에게는 정신적으로 위로와 힘이 되어 주는 지지 집단이 필요합니다. 특히 종교단체에 가입하면 그 속에는 아주 좋은 지지자들이 있습니다. 어려울 때 상의하고 함께 기도해 주고 좋은 정보를 나눌 수가 있습니다. 그런 종교적 동반자들과 친지들을 찾도록 하십시오.

다섯째, 넓은 안목으로 세상을 보십시오, 넓은 조망(眺望)을 가지고 인간의 존엄성을 지킴으로써 자존감과 평안을 되찾으십시오. 세상은 다양성이 있어서 재미있지요. 돈 많은 사람이 가난한 사람과 친구가 되고 그들을 돕는 것이 더 보기 좋고 멋진 인생이 아닐까요? 돈 많은 사람끼리만 교제하고 결혼한다는 것은 너무나 편협한 세계관입니다. 이 세상의 위인은 대개가 역경을 통과한 사람이기 때문이지요. 그러니까 사랑이 엄마가 학벌, 재산, 지위가 비천한 출신이라 하더라도 사랑이 엄마는 언젠가는 어떤 방면에서 뛰어난 사람이 될 수 있고, 또 그 가정을 잘 이끌고 가며 훌륭한 인재를 키워 낼 수 있습니다. 자기 안에 들어 있는 무한한 미래의 가능성을 보고 믿으십시오. 현재의 자기가 모든 것을 말해 주는 것이 아닙니다. 자기 자신의 소중함과 인생을 긴 안목에서 보고 있다는 점을 넌지시 시누이들에게 알리는 것도 최선의 자기PR이 될 수 있습니다.

"○○아가씨. 훌륭하신 아가씨가 매우 존경스러워요. 저에게도 꿈이 있답니다. 저는 제 나이 80~90이 되었을 때 우리 아이들이 아주 멋진 국제 신사가 되어 인격과 실력을 갖춘 이 집안의 큰 대들보 역할을 담당해 내고 있는 늠름한 모습을 지금부터 머릿속에 그려보고 있답니다. 저는 그렇게 아이들을 기를 거예요. 훌륭한 엄마가 되려고 열심히 노력하고 있답니다."

"어느 유명한 교수가 말씀하셨습니다. 이 세상의 모든 것을 다 가졌던 알렉산드로스 대왕도 죽을 때는 빈손으로 갔다고요. 그래서 우리가 최후의 순간에 가지고 가는 것은 우리의 영혼, 우리의 마음이라고 해요. 저는 이 가정을 사랑하고, 많은 사람에게 도움이 되어 주고 싶어요. 그래야만 제가 아주 행복하고 아름다운 영혼으로 남을 테니까요. 그러한 사람이 되려고 노력하는 저를 ○○아가씨가 도와주실 줄로 믿어요. 우리 함께 행복하도록 해요."

사랑이 엄마가 이처럼 큰 마음을 가지고 지금 현재의 상황을 바라보게 된다면 자기 자신에 대한 콤플렉스가 많이 사라질 것입니다.

또 사랑이 엄마가 친정어머니와 남편에게 멋진 대화의 기술을 가르쳐 주는 코치 역할을 하십시오. 대부분의 한국 사람은 대화하는 법을 잘 모릅니다. 사랑이 엄마가 먼저 '멋진 대화 훈련' 워크숍 등에 참가하여 대인관계의 기술을 잘 익힐 필요가 있습니다. 그러고 나서 이 책에 소개된 기술을 그들에게 가르쳐 주세요.

그 순서는 다음과 같습니다.

① 상대방에게 관심을 보이고 질문하기

② 감사와 칭찬을 보내기

③ 자기를 알리기

남편은 이렇게 말할 수 있습니다.

"장모님, 오늘 하루 손주들 보시느라고 힘드시지 않았나요? 오늘은 아이들하고 어떻게 시간을 보냈습니까?"

"장모님이 아이들을 돌보아 주시니까 안심이 됩니다. 감사해요."

"장모님, 매운탕도 맛있고 백김치도 맛있어요. 장모님 손은 다 맛이 나요."

"저는 오늘 회사에서 손님 접대를 했습니다. 서울에서 ○○사장이 면담왔거든요."

친정 엄마는 이렇게 말할 수 있습니다.

"김서방, 오늘도 일이 많았지? 피곤하지 않은가? 요즈음 회사 경기나 주식 사정은 어떤가 궁금하네. 나 같은 사람도 세상 돌아가는 것을 조금 알아야 무식을 면할 것 같으네. 내가 알아들을 수 있게 쉬운 말로 조금만 설명해 주겠는가?"

"자네가 가정에 충실하니까 참 고맙네. 사랑이 엄마가 어려서부터 영특했는데 자네도 알다시피 환경이 뒷받침해 주지 못해서 공부를 중단했지. 요즈음 무슨 세미나니 평생교육원이니 다닌다고 야단법석인데, 자네가 그걸 이해하고 협조해 주니 참으로 고맙네."

"나는 오늘 오후에 아파트 뒷산에 다녀왔네. 벌써 아카시아 꽃이 피었더군."

이렇게 세 가지를 가능하면 일주일에 2~3회씩은 잊지 않고 순서대로 자기표현하도록 남편과 친정 엄마를 연습시키고, 반드시 칭찬으로 격려하십시오. 그러기 위해서는 사랑이 엄마가 먼저 시범을 보이고 대화하는 것을 생활화해야 합니다. 대화시간은 짧게 가져도 무방하며, 대화를 나누었다는 것 자체가 중요합니다. 부디 행복하십시오.

사례 2 간섭이 지나치고 며느리를 험담하는 시어머니 다루기

Q 저의 시어머니는 저희 가정의 일들을 사사건건 간섭하십니다. 시어머님은 남편과 주로 이야기합니다. 그리고 저는 못 본 체하고 지냅니다. 문제는 시어머님께서 친척들에게 거짓말을 해서 남편이나 친척들이 저를 나쁜 사람이라고 인식하게 하는 것입니다. 집안에 무슨 일이라도 생기면 시어머님은 제게 올 필요가 없다고 말씀하십니다. 그래서 제가 참석을 안 했는데 남편이나 친척들에게는 "이 애가 왜 아직까지 안 오지? 아무튼 에미는 하는 짓마다 이렇구나."라고 말하면서 저를 비난합니다. 효도가 극심한 남편은 시어머님 말씀만 듣고 저를 나쁜 사람으로 간주하여 부부싸움이 빈번합니다. 저는 모든 사람과 사이좋게 지내고 싶은데 어떻게 할 수 있을까요?

A 이 상황은 시모가 남편과 연합하고 강력한 밀착관계를 형성하여 아내가 소외당하고 있는 상황입니다. 그리하여 부부체제의 경계선이 침해되고 있지요. 남편은 남편으로서의 역할

가족 간의 의사소통

을 제대로 수행함으로써 부부관계의 붕괴를 막아 내야 합니다. 아내의 힘과 위치를 보호해 주고 배려하며 피차간에 좌절, 증오, 갈등이 오랫동안 지속되지 않도록 예방해야 할 것입니다. 그렇지 않으면 역기능적 가족 구조가 만성화되어 부부의 정상적인 기능이 실종될 수 있습니다. 만약에 어떤 남편이 자기는 어머니에게 '빚진 자식'이라는 생각을 가지고 어머니가 며느리를 미워하므로 자신도 따라서 아내를 학대한다면, 그는 문제를 지성적인 방식으로 대처하지 못하고 감정적으로 반응한다고 보아야 하겠지요. 심리적으로 어머니에게서 분화(分化)가 이루어지지 못하고, 그릇된 효도로 자기 부부의 행복을 희생하는 남편은 정서적으로 미성숙한 성인이라고 보는 경향이 있습니다. 건전한 방식으로 부모와 가까이 지내면서 동시에 자신의 독자성과 자기 부부의 경계선을 지킴으로써 개별화가 이루어진 사람만이 어른다운 어른이라는 것이지요.

가족치료사인 보웬(Bowen)에 의하면 남편의 융합관계는 또 아들 세대에게까지 대물림되어 아들부부도 심각한 부부갈등을 겪을 소지가 매우 높다고 합니다. 그것을 '다세대간 전승'이라고 하지요.

가장 바람직한 태도는 선생님 부부 쪽에서 고부간의 갈등으로 인하여 자기네 애정생활에 심각한 지장을 가져온다는 사실을 현실로 받아들이는 것입니다. 그리고 두 사람이 이 문제를 건강하고 기능적인 방식으로 타개해 나가고자 노력하겠다는 마음과 각오가 되어 있어야 하겠지요.

그다음에 마지막으로 선생님 부부는 습관적으로 되풀이해 온 대화양식, 즉 비난하거나 협박하고 훈계하고 심문하거나 현실을 부정하고 회피하거나 투사 내지 책임 전가를 하는 방식을 지양해야 합니다. 그와 같은 의사소통의 걸림돌을 사용하면 생산적인 대화와 문제해결은 뒷전으로 한 채 두 사람이 말싸움으로 발전하기 때문이지요. 그리고 화가 난 상태에서 이 문제를 거론하고 해결하려고 하지 말아야 합니다.

여기서 고부간의 갈등으로 크게 불편을 겪고 고심하는 사람은 선생님이십니다. 그러므로 선생님께서 남편에게 이야기를 하여 시모와의 삼각관계를 현명하게 해결하도록 남편의 협조를 받아내는 것이 가장 중요합니다. 이러한 노력에도 불구하고 뚜렷한 관계 개선의 기미가 보이지 않을 때는 친척이나 친구들과 같은 주변의 지지적인 인물들에게 도움을 요청할 수 있고, 가족상담과 가족치료 전문가에게서 상담을 받을 수 있습니다. 이상적으로는 이 사건과 관련된 모든 가족, 즉 부부, 시부모, 자녀 들이 가족상담 시간에 함께 참여하여 그 문제를 같이 논의하고 새로운 대화 형태와 역할놀이를 체험해 보는 것이 바람직합니다.

여기서는 선생님이 남편에게 이 문제를 거론하여 남편과 함께 해결책을 모색하는 방향으로 대화하는 요령을 소개하기로 하지요. 그 단계는 다음과 같습니다.

- 1단계: 자기의 마음을 평안하게 가다듬기 위하여 긴장이완 훈련이나 복식호흡을 여러 번 연습한다. 기도나 명상을 하는

가족 간의 의사소통

것도 좋다.

- 2단계: 자기가 원하는 바를 격한 감정에 휩싸이지 않고 담담하게 말할 수 있도록 미리 글로 적어 본다. 그것은 실제 일어난 상황을 구체적이고 객관적으로 간결하게 기술하고 이어서 자기가 느낀 감정과 자기가 원하는 바를 적어 본다.
- 3단계: 혼자서(또는 거울 앞에서) 자기가 쓴 문장을 읽어 보며 연습한다. 그리고 자신의 표정, 억양, 표현된 문구 등을 체크해 본다. 가능하다면 친구나 카운슬러와 함께 역할놀이를 해 보도록 한다.
- 4단계: 남편과 자기 집 이외의 곳에서 이야기하기 위하여 대화 장소와 대화 시간을 정하고 남편과 약속한다.
- 5단계: 약속된 장소에서 남편과 대화를 한다.

대화하는 순서는 다음과 같습니다.

① 남편의 마음(감정과 욕구)을 헤아려 준다
  "여보, 당신은 어머님께 효도하고 싶은 마음이 지극해서 어머님께서 원하는 것은 거의 다 응해 주려고 하지요. 그 마음은 대단해요. 저도 존경하고 싶어요."

② 자기의 감정과 욕구를 남편에게 알린다
  "그래서 저도 어머님을 기쁘게 해 드리려고 노력해 왔어요.

그런데 문제는 당신도 알다시피 어머님이 우리 가정의 일을 너무 간섭하시고 당신하고만 상의를 하는 거예요. 나는 이 집안의 주부가 아니고 하녀같이 느껴져요. 그리고 저를 억울하게 몰아붙여서 당신과 사이가 나빠지게 해요. 지난번 시이모님이 별세하셨을 때도 저더러는 오지 않아도 된다고 어머님이 말씀하셨어요. 그래서 '당신만 가도 괜찮은가 보다.' 라고 생각하고 안 갔지요. 그런데 당신과 친척들에게는 왜 내가 안 오느냐고 하시면서 저를 못된 여자로 취급했어요. 제가 얼마나 억울하고 화가 났는지 이해되세요? 저는 어머님이 그런 태도를 취하지 않기를 바라요. 그래서 우리 세 사람이 사이좋게 지내고 싶어요. 조정자 역할을 할 사람은 당신이에요. 당신이 관계를 좋게 하는 역할을 좀 해 주세요."

③ 부부간에 욕구와 행동의 차이점과 공통점을 밝힌다

"당신은 어머님을 기쁘게 해 드리고 싶어서 우리 집안의 사사건건을 어머니가 지시하는 대로 응하고 나에게는 별로 상의하지 않지요. 그리고 어머님의 행동이 못마땅하더라도 그것을 거부하지도 않고 지적하지도 않아요. 오히려 불평하는 나를 나쁜 사람으로 취급하지요. 그 결과 우리 부부 사이가 맨날 싸움으로 확대되지 않나요? 나도 어머니를 기쁘게 해 드리고 싶어서 어머님이나 당신이 원하는 대로 많이 응해 드려요. 그런데 우리 집의 사소한 일들은 우리 부부가 상의

　　　　　　　　　가족 간의 의사소통

해서 처리해야 한다고 생각해요. 또 어머님이 지나치게 개입하실 때는 우리 부부가 어머님께 어느 정도 제재를 해서 분명한 경계선을 지키게 해야 한다고 보아요. 그 역할은 당신이 담당해야 되겠지요. 그래서 우리가 어머님 때문에 싸우고 서로 미워하게 되지 않고 사이좋게 지내고 싶어요."

이것을 요약해 보면 다음과 같습니다.

- 차이점: 남편은 어머니의 요구에 무조건 응해 준다. 그 결과 어머니가 부부간의 생활을 간섭하여 아내의 권리를 침해하고 부부싸움이 일어나게 한다.
  아내는 어머니의 요구에 대부분 응해 준다. 그러나 부부생활에 어머니가 깊이 관여하는 것은 원하지 않는다. 그래서 아내의 지위와 권위와 역할을 침해받지 않으며 그 일로 부부싸움도 하고 싶지 않다.
- 공통점: 남편과 아내는 어머니를 기쁘게 해 드리고 싶다. 그리고 원만한 부부생활을 영위하고 싶다.

④ 남편과 아내가 창의적인 해결방안을 모색하여 합의점을 찾는다
  "여보, 그러니까 우리는 어머님께 효도를 하되 합리적인 방식으로 효도를 하는 거예요. 그래서 효도하는 것이 우리 부부의 행복을 증가시킬지언정 훼방하지는 않도록 하는 거예

요. 그렇게 되기 위해서는 어떤 방법이 있을까 하나씩 하나씩 검토해 보도록 해요."

그리하여 선생님 부부는 중요한 가족의 규칙과 역할에 대하여 원칙을 세우고 조정하십시오. 즉, 가족 간의 식사, 왕래와 방문, 육아, 생활비, 형제간의 책임분담 등을 어떤 원칙하에 설정하며 예외적 상황이 발생할 때는 어떻게 조처할지를 논의하도록 하세요. 그런데 이러한 구체적 상황에 대한 규칙을 단번에 다 논의하고 설정하기는 어려울지도 모릅니다. 일단은 이렇게 주요 안건에 대하여 대화를 시도하고 나서 세부적인 안건은 하나씩 다루어 나가도록 하세요.

사례 3 | 형제간에 차별대우하는 시부모

Q 저의 시댁은 2남 1녀를 모두 결혼시키고 시부모님은 시골에서 생활하십니다. 저는 둘째며느리로서 시부모님과 가까운 도시에서 살고 있고 큰 시숙은 서울에서 생활하십니다. 시댁에 일이 있을 때마다 제가 가서 돕고 농사철에는 저희 남편이 시부모님의 일손을 돕습니다. 큰시숙님과 큰동서는 명절이나 시부모님 생신 때만 선물을 들고 내려와 생색을 냅니다. 시부모님은 그런 큰아들과 큰며느리를 크게 자랑하시지요. 그리고 서울에 집을 사도록 큰 액수의 돈을 보조해 주셨습니다. 저희는 학력으로나 경제 면에서 큰시숙네보다 뒤떨어지는데도 도와주시지도 않았습니다. 돈이 없다는 거지요. 저희가 농사일을

거들어 주러 가지 않으면 전화로 불러 대시면서 저희 수고에 대해서 칭찬도 별로 하지 않으십니다. 제 마음 같아서는 시골에 가서 도와드리고 싶은 마음도 없고 직접 불평을 하기도 난처한데 이대로 가다가는 세 가정의 사이가 점점 멀어질 수밖에 없다고 생각합니다. 무슨 방도가 없을까요?

A 선생님께서는 시부모님의 차별대우를 받고 몹시 자존심이 상하셨겠습니다. 시부모님의 처사가 원망스럽고 큰시숙과 큰동서까지 미운 생각이 드시겠지요. 그런데 이들이 모두 손윗사람들이라 선생님은 정면으로 불만을 터뜨리지 못하고 속만 삭히고 계시는군요. 손아랫사람이 정면으로 불평을 하는 것이 매우 불손하다고 여겨질까 봐 두려우실 것입니다. 그러므로 선생님께서는 먼저 편지를 써서 선생님의 마음을 시부모님께 전달하도록 하십시오. 그 내용은 선생님이 나에게 호소한 것을 그대로 적는 것입니다.

"아버님, 저희를 키워 주신 은혜에 감사드립니다. 연로하신 나이에 아직도 농사를 지으셔서 저희에게 곡식을 보내 주시는 마음에 감사드리고요. 그래서 저희도 농사철이면 주말마다 아버님을 도우러 시골로 갔습니다. 사실 고된 직장생활을 하는 저희는 주말에는 휴식을 취하고 밀린 여러 가지 일을 해결해야 하는데 아버님께 힘이 되고자 최대한 희생을 했습니다.

아버님, 어머님께서는 저희 세 자녀가 잘 되기만을 기원하고 또 세 자녀를 모두 사랑하실 것으로 믿고 있습니다. 그런데 저는 그 동안 아버님, 어머님께 섭섭한 마음이 상당히 많았습니다. 큰시숙은 장남이고 또 서울에서 생활하려면 많은 돈이 필요하니까 부모님이 큰시숙님을 생각하고 물질적으로 도와주시는 것을 저희는 잘 이해하고 있습니다. 그렇지만 저희도 아버님의 아들이고 또 경제적 사정이 좋지 않은데 아버님께서는 도와주시지 않는 것은 이해할 수가 없습니다. 똑같은 자식인데 왜 큰시숙님만 생각하시고 저희는 무시하는지요? 아버님 곁에서 궂은 일 마다하지 않고 거들어드린 저희는 모른 체하시고 큰시숙님네만 배려하신다는 것에 너무도 속이 상했습니다. 저희가 아버님 재산을 탐내는 것이 절대로 아닙니다. 처음부터 모든 자식에게 아예 재산을 남겨주지 않으시든가, 금전이나 재산을 주시려거든 형제간에 공평하게 대우해 주시라고 부탁드리고 싶습니다. 저희도 인간인지라 마음이 좁아서 그런지는 모르지만 만약에 이런 차별대우가 계속된다면 저희가 부모님을 존경하고 효도하고 싶은 마음이 점점 사라질 것 같아 걱정입니다. 그리고 큰시숙 내외분에게도 야속한 마음이 들어서 세월이 지날수록 형제가 남같이 될 가능성이 매우 높습니다. 저희는 부모님께 부탁드립니다. 거듭 말씀드리지만 부모님께서 저희에게 해 주실 수 있는 것이 무엇일까요? 저희는 부모님을 더욱 사랑하고 큰시숙님네와도 사이좋게 지내고 싶습니다. 부모님이 공평하게 대해 주시면 잘될 수 있어요. 아버님, 어머님, 저

가족 간의 의사소통

희가 당돌하다고 화내지 마십시오. 부모님이 계시지 않는 곳에서 부모님을 험담하고 미워하는 것보다는 이렇게 그동안 쌓아 두었던 회포를 솔직하게 부모님께 말씀드리는 것이 더 올바른 자식의 도리라고 생각합니다. 저희의 마음을 이해해 주세요. 내내 건강하십시오."

이런 편지에 대하여 시부모님 쪽에서 어떤 반응이 없으면 시댁 방문을 잠정적으로 중단하고 그 뒤에 또다시 편지를 쓴다든지 전화로 확인을 해 보도록 하십시오. 만약에 부모님이 다소나마 선생님에게 애정과 경제적 지원을 보여 주신다면 천만다행이지요. 그런데 인간이란 이성적인 존재라기보다는 감정적인 동물이라고 보는 편이 낫습니다. 여러 자식에 대한 부모의 애정은 한결같지만 부모는 어떤 자녀를 특별히 더 좋아하고 편애할 수 있습니다. 그리고 모든 자녀에게 균등하게 물질과 사랑을 배분할 만큼 지혜로운 부모도 사실상 그리 많지 않습니다. 선생님의 시부모님께서 후자의 경우에 해당한다면 시부모님의 편애하는 성향을 선생님 쪽에서 변화시키기는 매우 힘들 것입니다. 이때는 선생님께서 자신의 정신건강을 위하여 독자적으로 노력하십시오.

바람직한
부부간의 대화

날마다 대화를 주고받으면서 생활하고 있지만 가장 가까운 사이에서 존재해야 할 사랑, 관심, 행복을 느끼지 못한 채 실망과 혼란스러운 감정으로 생활하고 있는 부부들이 상당히 많다.

사랑으로 맺어진 부부의 마음속에는 사랑이 존재하지만 실제로는 사랑하는 방법을 몰라서 상처로 얼룩지고 끝내는 사랑이 증발되어 버린 가정이 얼마나 많은가?

미국의 경우에 10%의 부부만이 만족스러운 결혼생활을 하고 있고 40%는 이혼한다고 보고되어 있다. 나머지 50%는 그럭저럭 지내지만 언제든지 이혼할 가능성을 가지고 있다고 한다. 한국에서도 이혼율이 계속 증가하고 있는 추세다.

학자들의 연구에 따르면 부부간의 갈등과 대립을 해소하려고 하는 의지와 노력이 경주되지 않을 경우에 부부관계는 끝내 와해되고 이혼으로 향하게 된다고 한다. 이혼의 주요 사유를 보면 성격 차이, 배우자의 부정(不貞), 시가나 친가와 관련된 가족 간의 불화(고부간 갈등), 경제문제(남편의 무능력, 아내의 낭비벽), 건강(장기적 질환), 가정폭력 등이 있다. 부부생활을 하는 가운데 느끼는 불만은 남편보다 아내가 훨씬 더 많은 것으로 나타났다.

　가정의 주체는 부부다. 부부가 원만한 결혼생활을 유지할 때 모든 가족은 행복할 수 있고 그렇지 못하면 그 가정은 불행하다. 그러므로 행복한 가정을 유지하려면 부부가 오순도순 살아가야 한다. 단란한 부부생활을 영위하기 위해서 필요한 효과적인 대화의 기술은 그만큼 중요하다. 따라서 '바람직한 부부간의 대화기법'을 가능한 한 심도 있게 다루고자 이 장에 많은 지면을 할애하였다.

좋은 부부관계를 위해
먼저 알아야 할 것들

성공적인 부부관계는 어떻게 유지될 수 있을까? 학자들은 다음과 같이 입을 모으고 있다.

- 부부가 결혼생활을 원만하게 유지하고자 하는 강한 신념과 의지를 가지고 헌신한다.
- 부부가 효율적인 대화능력을 갖추고 있다. 이는 상대방에게 모욕감을 주는 언어폭력을 자제하며 의사소통의 걸림돌을 사용하지 않는 것을 말한다. 그리고 상대방이 너무 무리하게 나와서 자신이 희생자가 된 듯한 느낌이 들더라도 상대방의 급소(낮은 학벌, 신체적 결함 등)를 공격하지 않는 것이다.
- 부부가 생산적이고 창의적으로 갈등을 다루어 나간다. 부부 사이에서 언쟁이 일어나면 자극적인 말로 상대방에게 상처를 주기 쉽다. 부부간의 싸움은 불가피하다. 그리고 경우에

따라서는 부부싸움이 원만한 부부관계의 윤활유가 될 수 있다. 성공적인 부부는 부부싸움을 하되 건설적인 방법으로, 다시 말해서 윈윈(win-win)의 결과를 가져오는 싸움을 하여 갈등을 풀어 나간다.

- 배우자에게 신뢰감을 심어 준다. 신뢰감은 배우자에게 자기의 소재와 일과에 대하여 항상 알려 줌으로써 얻을 수 있다. 서로 신뢰감을 심어 주기 위하여 부부가 매일 적어도 20분은 대화해야 한다고 학자들은 권고한다.

- 여가나 어떤 활동을 배우자와 공유한다. 삶의 스트레스를 풀어 주고 즐거움을 주는 여가활동을 자기 인생에서 가장 소중한 사람, 곧 반려자와 함께함으로써 인생의 아름다운 추억을 공유해야 한다고 학자들은 강조한다. 남편은 낚시광이고 아내는 낚시를 싫어한다고 하자. 아내는 음악과 영화를 좋아하는데 남편은 그런 것에는 취미가 없다. 이런 부부는 어떻게 공동의 여가 시간을 가질 수 있을 것인가?

이런 경우에 남편은 친구들과 함께 낚시를 가는 때도 많지만 1년에 몇 번은 부부동반으로 계획할 수 있다. 그래서 아내에게 낚시하는 법을 가르쳐 주고 낚시와 더불어 인근 지역 관광이라든지 즐거운 놀이시간을 함께 계획하여 부부가 공동으로 여가를 보내도록 해야 한다. 또 자기의 취미만 강조할 것이 아니라 아내의 취미생활에도 관심을 가지고 동참해 줌으로써 아내로부터 진심에서 우러나오는 감사와 기쁨을 받을 수 있다. 아내가 좋아한다면 1년에 두어 번 정도는 음악회에 따라가 주고 좋은 영화도 함께 관람한다면 남편의 정서적 세계도 확장될 수 있다.

그리고 여러 가지 사정으로 인하여 부부가 함께 즐기는 여가나 취미활동을 가질 수가 없다면 다른 분야에서 공동의 장(場)을 만들어 나가야 한다. 가령, 교회 등의 종교단체에 함께 출석하고 그곳에서 사람들과 교제한다든지, 아내가 종사하고 있는 직업이나 봉사활동의 어느 부분에 남편이 1년에 두어 번 정도 동참하도록 하는 것이다. 이런 태도는 아내쪽에도 똑같이 적용된다. 아내는 남편의 사업과 활동에 가끔씩 끼어들어 협조하도록 해야 한다.

부부는 특별히 부부간의 애정생활을 아름답게 가꾸기 위하여 노력해야 한다. 이런 의미에서 부부는 다음의 사항을 숙지할 필요가 있다.

'결혼은 연애의 연속이 아니라 생활이다.'라는 사실을 인식한다

결혼하기 전에는 아름다운 곳에서 연인끼리 사랑의 열정을 불태우는 낭만의 시간을 가졌지만 일단 결혼하고 나면 일상적인 생활이 시작된다는 것을 명심해야 한다. 그러니까 신혼부부가 '결혼은 곧 자기 인생의 행복'이라는 비현실적인 환상을 가지고 생활하게 되면 커다란 실망과 환멸을 경험할 수 있다. 결혼한 다음부터 남자는 남편으로서, 여자는 아내로서의 역할을 수행해야 하고 서로 간에 나타나는 성격 차이, 여가, 종교, 생활방식의 차이를 잘 조율해야 한다. 게다가 친가와 시댁과의 관계, 배우자 친구들과의 관계를 잘 맺어 나가는 일이 새롭게 대두되고 자녀가 출생하면 부모로서의 막중한 책임을 감내해야 한다. 생소한 역할을 처음으로 수행하는 과정에서 경험하는 심리적 부담감, 육체적 과로, 경제적인 비용 등의 문제가 많은 갈등을 안겨 줄 수 있다.

사랑의 기술이 배양되어야 한다

스턴버그(Sternberg)에 따르면 사랑은 열정, 친밀감, 헌신의 세 가지 요소로 구성되어 있다고 한다.

열정(passion)은 연인들끼리 함께 있고 싶고 몸을 나누고 싶은 강렬한 정열의 감정을 말한다. 그러나 열정은 오래 지속되지 못하고 교제 기간이 길어지면 그 강도가 식기 마련이다.

친밀감(intimacy)은 함께 있으면 편안하여 서로를 잘 이해하며 원활한 의사소통과 긍정적 지지를 나누는 형태의 따뜻한 정서를 말한다. 친밀감은 만나는 횟수와 교제 기간이 길면 서서히 증가한다. 노년의 부부는 마치 친구 같은 정(情)으로, 곧 친밀감으로 살아간다고 볼 수 있다.

헌신(commitment)은 사랑하는 사람에게 자기의 사랑을 지키겠다는 선택과 책임의식을 말하며 그것은 약혼과 결혼으로 나타난다. 결혼식장에서 주례는 신혼부부가 되려는 남녀에게 헌신의 서약을 확인한다. "두 사람은 한평생을 같이 사는 동안에 건강하거나 병들거나 풍부하거나 빈곤하거나를 막론하고 변함없이 서로를 사랑하고 위로하며 보호하기로 서약하겠습니까?" 이들은 상대방이 병들어 폐인이 되든지, 직장에서 퇴직을 당하든지, 얼굴에 깊은 주름살이 파이든지를 가리지 않고, 어떤 일이 있어도 배우자의 모든 것을 다 받아들이며 결코 버리거나 배척하지 않겠다고 맹세한다. 이것이 헌신이다. 헌신은 '무조건적 사랑'으로서 배우자를 온전히 믿고 아무런 기대 없이 주는 사랑을 말한다. 에리히 프롬(Erich Fromm)은 "사랑은 아무런 보상 없이 자신을 헌신하는 것이요, 자신을 완전히 내어 주는 것이다. 사랑은 믿음의 행위로서 믿음이 부족한 자는 사랑이 부족한 것이다."라고 사랑을 정의하였다.

헌신은 강요된 희생이 아니다. 내 쪽에서 기꺼이 자기를 희생하겠다는 마음가짐이다. 헌신은 사랑하는 사람과 함께 동고동락하면서 힘들고 어려운 일을 견디겠다는 실천적 의지다. 특히 자녀양육이나 가족이 질병을 앓는 상황에서 배우자가 헌신하려는 태도가 없다면 그 가정은 유지되기가 힘들다.

열정, 친밀감, 헌신의 비중이 배우자마다 다를 수 있다. 각자의 삼각형 모양은 각기 다른 형태로 나타난다. 이상적으로는 이 세 가지 요소가 균형을 이루는 형태일 것이다. 첫눈에 끌려서 사랑하게 되고 결혼하였는데 결혼생활에 수반되는 여러 가지 책임을 회피하고 깊은 대화는 나누지 않는다면 열정은 있으나 헌신과 친밀감이 결여된 결혼이라고 볼 수 있다. 이런 결혼은 열정이 식으면 곧 와해될 가능성이 높다. 그러므로 오래도록 원만한 결혼생활을 영위하는 데 필수적인 것은 헌신과 친밀감, 즉 성실한 책임감과 친구같이 다정하게 대화를 나누는 관계다.

그러므로 부부간의 애정은 성(sex)으로 시작하여, 사랑을 개발하고, '정'(또는 다정함)으로 발전하며, 헌신의 태도가 배고, 마지막으로 연민을 느끼는 사이가 될 때 성숙하고 아름답다. 다른 말로 표현하자면 쾌락으로 시작하여 배려하는 마음이 개발되고, 친밀감으로 맺어진 친구처럼 되며, 부부관계를 지켜 내려는 책임의식으로 살고, 마지막으로 서로 용서하며, 영성(靈性)이 개발되는 수준으로 이어질 때 성공적인 결혼생활을 영위할 수 있다.

부부가 오랫동안 함께 생활하다 보면 처음에 만나서 경험했던 짜릿한 흥분도 사라진다. 또 강렬한 사랑의 감정도 느낄 수 없게 된다. 결혼한 지 1~3년 사이에 환멸과 실망을 경험하고 중년에는 권태기를 맞을 수 있다. 그러기에 감각적 쾌락의 욕망이 결혼생활의 우위를 차지하는 것은 매우 위태로운 것이다. 결혼생활에서 육체적(성적) 욕구를 충족하는 것은 필수적이지만 그런 욕망은 보다 고차원적인 요소인 친밀감, 헌신, 연민의 감정 밑에서 다스려져야 한다. 그리하여 성(sex)이 단순히 쾌락적 놀이라기보다는 오히려 성스러운 부부관계의 상징으로서 수용될 때 그 결혼생활은 건전하게 보전될 수 있다.

아름다운 성생활을 개발하고 유지해야 한다

앞에서 헌신의 중요성을 강조했지만, 그렇다고 성(sex)을 소홀히 여길 수는 없다. 이 역시 좋은 부부관계를 위해서는 중요한 요소다. 서양의 경우, 부부간의 성관계에서 절정(peak)의 순간을 경험하는 부부는 1/3도 채 되지 않는다는 보고가 있다. 한국 부부에 대한 정확한 통계치는 발표되어 있지 않지만 그 비율이 훨씬 더 낮을 것이라고 예상할 수 있다. 급한 민족성과 과다한 업무와 스트레스에 지친 현대 생활 속에서 성관계도 의무적으로 기계처럼 반복하는 부부가 비일비재하지 않은가? 그 결과 서로 성(sex)을 나누지만 그것이 가져다주는 순수한 즐거움과 일체감은 경험하지 못한다. 오히려 무언가가 가슴속에서 무너지고 채워지지 않는 쓸쓸함과 허무감을 느끼는 부부가 상당히 많다는 사실을 인정한다.

① 성(sex)행동에서의 남녀 간의 차이

성(sex)이란 창조주가 인간에게 부여한 기쁨, 생명의 창조, 책임감, 상호의존성과 존중감을 실현하도록 하는 은밀하고 신비스러운 통로다. 그런데 생리적으로 남녀 간에 성적 욕구의 표현방식, 성적인 흥분과 절정에 이르는 시간 등이 서로 동일하지 않다. 이러한 남녀 간의 차이점을 인식하지 않고서 성행위를 하게 되면 비록 두 사람이 사랑하는 사이일망정 여자는 통증과 불쾌감과 공허감을 느끼게 되어 있다. 남성은 첫 번째의 성관계 경험에서, 그리고 매번 성관계를 가질 때마다 쾌감을 느낄 수 있지만 여성이 성

118

적 쾌감과 절정(orgasm)을 경험하게 되기까지 상당한 시일이 걸린다고 한다. 짧게는 1~2개월, 길게는 3~5년의 부부생활을 한 다음에 오르가슴을 느끼는 여성들이 많고 어떤 여성은 일생 내내 부부생활을 영위했지만 단 한 번도 절정의 순간을 경험해 보지 못한 채 일생을 마치기도 한다. 그리고 오르가슴을 느끼는 여성이라 하더라도 성관계를 가질 때마다 절정 경험을 누리는 것이 아니다. 오르가슴을 체험할 때도 있고 체험하지 못할 때도 많이 있는 것이 여체(女體)의 특성이다. 생식기와 관련된 여성의 신체적 · 심리적인 상태는 그처럼 섬세하고 복잡하다.

남자의 성감은 빠르고 변화가 급하다. 이에 반해서 여자의 성감은 느리고 변화가 완만하다. 이러한 생리구조적인 차이점 때문에 특별히 남편은 아내가 성적인 충만감을 경험할 수 있도록 배려하고 기다려 주어야 한다. 아내야 즐겁든 말든, 성적 접촉에서 통증을 느끼든 말든 자기 혼자만 만족을 느끼면 그만이라고 생각하는 남편이 있다면, 그런 남성들은 한 번쯤 자성(自省)해 볼 필요가 있다. 가장 소중한 반려자의 행복과 만족에 무관심한 자기의 인격적 수준은 과연 어느 정도인지를……, 또 자기는 진실로 어느 한 사람을 사랑할 수 있으며 참으로 사랑할 줄을 아는 인간인지를……, 그리고 한걸음 더 나아가 모든 인간에게 평등하게 주어진 존엄성과 민주주의의 개념을 이해하고 있는지를…….

현대에 와서 아내가 성행위를 할 의사가 없고 육체적으로도 준비가 되어 있지 않았는데도 강제적으로 자기만의 성적 욕구를 충족하는 남편들의 행위를, 법률적인 관점에서는 '성폭력'으로 보고 '강간'행위라고 규정하고 있다.

부부란 서로 돕는 배필이다. 상부상조와 상호의존성은 성생활에서 더욱더 강조되어야 할 덕목이다. 남편과 아내는 주어진 역할만 기계적으로 수행하는 존재가 아니고 서로가 배려하여 자기의 사랑을 몸과 마음으로 전달하고 꽃피우는 존재다. 그러기에 성생활을 할 때도 상대방의 마음과 몸에 관심을 가지고 지켜보며 배려해 주어야 한다.

성(性)치료 전문가들은 남편이 아내로 하여금 성행위를 할 수 있도록 신체상태가 충분히 이완되고 편안해질 때까지 기다려 주어야 하는데 그에 소요되는 최소한의 시간은 3~5분이라고 하였다.

여성은 작고 아름답고 고상한 악기다. 남성이 우렁찬 트럼펫이나 드럼(북)이라면 여성은 바이올린처럼 섬세하고 다루기가 조심스러운 악기다. 트럼펫이나 드럼은 굳이 음악가가 아니더라도 누구든지 입으로 힘껏 불어 보고 봉으로 힘차게 때리면 고유한 소리가 시원하게 터져 나온다. 그런데 바이올린이나 하프나 첼로는 비전문가가 힘껏 잡아당겨 소리를 내려고 하면 귀를 찌르는 듯한 굉음을 내고 악기는 망가진다. 세련된 연주자는 자기 손의 힘을 빼고 가녀린 악기의 줄을 하나하나씩 조심스럽게 다룬다. 그리고 곡의 흐름에 맞추어 때로는 강하고, 약하게, 느리고, 빠르게 리듬을 조절해 줄 때 그 악기는 연주자의 가슴과 영혼을 파고드는 감동의 멜로디를 터뜨린다. 그것은 연주가가 그 악기의 성질을 잘 파악하고 악기의 특성에 맞추어 주며 악기와 하나가 된 듯한 분위기 속에서 다룰 때 가능한 것이다. 악기는 연주자에게 악기 자체의 순수한 떨림과 기쁨을 전달해 준다. 그 순간 연주자는 시간의 흐름을 망각한 채 마치 시간이 정지한 듯한 영원성과 무아지경의 황홀감을 맛볼 수 있다. 남편은 잠자리에서 자기의 아내를 섬세한 악기를 다루듯이 소중하게 다루어야 한다. 그러면 아내는 신비스럽고 아름다운 육체의 떨림으로 화답한다. 이때 중요한 것은 대화하려는 자세다.

② 원만한 성생활을 위한 터치(touch)와 대화기술

성행위 자체는 아주 자연스럽고 정상적인 생리적 현상임에도 불구하고 우리는 그것을 부자연스럽고 무언가 비정상적인 행위여서 숨겨야 하는 성질의 것처럼 간주하는 풍토 속에서 살아왔다. 성을 금기(taboo)시하고 어색하게 여기는 풍토에서 성장한 한국의 부부는 터놓고 성생활에 대하여 솔직하게 이야기를 나누는 일이 별로 많지 않은 것이 사실이다. 설령 부부간에 성적인 이야기를 하더라도 저속한 말과 평가적인 말은 할 줄 아는데 부드럽게 요구하고 신사답게 응해 주는 대화방법에는 아주 서투른 부부가 많이 있다.

아내는 자신의 육체를 남편에게 맡기면서 자기가 원하는 터치와 성감대를 알려 주어야 한다. 남편은 성적인 흥분을 조절하여 아내와 사이클(cycle)을 맞추도록 노력해야 한다. 그리고 아내에게 어느 부분을 어떻게 애무해 주는 것이 좋은지를 자주 질문하고 아내가 성적으로 준비되어 있는가도 알아차릴 수 있어야 한다. 성은 스포츠가 아니다. 여성은 폭풍우에는 상처를 입고 산들바람이 불 때만 향기를 내뿜는 한 송이의 꽃과 같다. 성관계에 들어가기 이전에 여성의 몸과 마음이 편안하게 이완되고 준비되도록 남성은 반드시 감미로운 말과 부드러운 어루만짐(stroke)을 제공해야 한다. 이런 의미에서 행복한 성생활을 위해서는 남성 쪽에서 더 많이 기다리고 노력해야 한다.

부부간의 성문제는 의사소통의 기술과 주장적 자기표현의 기술을 향상시킴으로써 간접적으로 해결될 수 있다고 전문가들은 입을 모은다. 고전적으로 성의 행동을 과학적으로 소개한 마스터스와 존슨(Masters & Johnson)에 따르면 부부간의 애정문제는 대개 인간의 성심리에 대한 지식이 결여되어 있고 성행위의 기술이 빈약하며 부부간에 성적인 대화를 하지 않기 때문에 발생한다는 것이다. 그리고 이들은 '성감대(sensate focus)'의 개념을 소개하였다.

한편 성치료의 대가인 헬렌 카플란(Helen Kaplan)은 성적인 발기와 오르가슴으로 인도하기 위한 단계를 소개하였다. 그는 부부간의 성문제를 크게 성적 욕망의 장애, 발기장애, 절정(orgasm)장애의 세 가지로 보았다. 그와 관련된 성치료의 기본적 세 단계는 다음과 같다.

• 성적 욕망이 일어나는 것을 방해하는 부정적인 생각을 찾아

내고 그 생각을 중지하기

- 성행위와 관련하여 일어나는 불안의 감정을 해소하기
- 신체 부위를 애무하여 신체적 감각을 개발시킴으로써 성적으로 팽창하고 분비하도록 유도하기

이를 위하여 배우자들이 노력해야 할 점은 다음과 같다.

- 부부간에 차분하게 이완된 상태에서 신체의 여러 부분과 성감대를 서로 어루만져 주되 성교는 하지 않는다.
- 배우자가 교대로 애무해 주는 가운데 어느 부분을 어떻게 만져 주면 기분이 좋은가를 서로에게 알려 준다.
- 이 과정에서 불안감이 엄습하게 되면 연습하는 속도를 줄이거나 성과 관련된 비디오, 영화, 서적을 보도록 한다.

이때 배우자의 성적 반응과 성에 대한 생각과 태도에 대해서 서로 말을 하고 이해하는 것이 매우 중요하다. 서로 이야기를 하지 않으면 성행동이 위축되거나 불만족스러운 성생활에 대한 분노가 쌓일 수 있다.

이런 연습을 5~20회까지 수행하면 효과가 나타난다. 이 과정에서 유념할 점은 부부가 각자의 환상적인 성적 기대를 충족하는 데 목표를 두는 것이 아니라 부부간의 성생활 개선에 목표를 두어야 한다.

부부체제가 침해받지 않아야 한다

동서양을 막론하고 시가나 처가 쪽에서 부부생활에 깊숙이 침투하여 지나치게 간섭할 때는 결국은 불행한 관계로 끝나는 것으로 나와 있다. 그러므로 부부체제의 경계선이 침해받지 않도록 외부 세력의 지나친 개입을 단호하게 차단함으로써 부부의 세계가 보호되어야 한다. 특히 한국 가정에서 이 문제는 아직도 심각한 문제를 야기한다. 부모님의 인생경륜이 아무리 풍부하고 결혼한 자녀가 아무리 젊고 미숙한 상태라 할지라도 부모는 자녀의 부부생활을 간섭하지 말아야 한다. 일단 결혼한 자녀는 철저하게 부부가 중심이 되어 자기 생활의 주체자 역할을 하도록 부모는 자녀를 믿어 주어야 한다. 그것이 현명한 부모의 사랑이다.

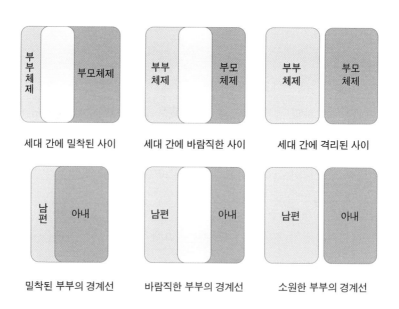

부모 - 자녀체제 간, 부부체제 간의 경계선

바람직한 부부간의 대화

따라서 부모세대와 자녀세대 간에 너무 밀착되어 있거나 너무 소원한 것은 바람직하지 못하다. 부부체제와 부모체제 간에 적정한 간격이 주어져야 한다. 이상적인 경계선은 앞의 그림과 같다. 그림에서 나타난 두 체제 간의 거리는 부부간에도 꼭 같이 적용되는 개념이다. 남편과 아내는 함께 있어도 서로의 독자성과 개별적 세계를 어느 정도 인정해 주어야 하며 멀리 떨어져 있더라도 서로를 하나되게 하는 연결고리가 존재해야 한다. 그러니까 부부간에 따로따로 생활하거나 공통의 대화 소재가 없으면 너무 소원한 사이, 곧 남남처럼 살게 된다. 그러므로 행복한 시간을 부부가 함께 보내도록 특히 유념하여 취미나 여가 시간의 안배에서 서로의 차이점을 조율하는 것이 매우 중요하다. 또 매사를 같이하여 일일이 간섭하면서 생활하게 되면 부부의 사생활 내지 개별성이 말살되고, 한시라도 혼자 지내는 것이 두려운 관계, 곧 비정상적인 밀착관계를 형성한다. 이것은 모두 바람직하지 못하다.

특히 남자는 남편의 역할과 아버지의 역할을 새롭게 배우고 익혀야 한다

자유로운 미혼 시절과는 달리 아내와 남편의 역할을 새로이 수행하는 것이 결혼생활이다. 부부는 또 아기가 탄생하면서부터 부모로서의 역할과 책임을 감당해야 한다. 부모 역할을 한다는 것은 직장인의 역할이나 배우자의 역할을 수행하는 것보다 훨씬 힘든 과업이다.

신혼부부는 자녀양육에 대한 사전 교육이 전혀 되어 있지 않은 상태에서 아기를 맞이하게 된다. 하루 24시간 연속 근무를 해야 하는 양육 때문에 여성이 직장생활을 포기해야 하는 경우도 발생한다. 부부의 외출, 성생활에도 희생을 감수해야 하는 신생아 – 유아의 양육시기는 특히 여성에게 만성적 피로, 우울증과 분노 – 죄의식 등을 가져다 준다. 이처럼 여성이 아내가 되고 어머니가 되는 일은 남성이 남편이 되고 아버지가 되는 일보다 훨씬 더 많은 희생과 인내를 요구한다. 그러나 여성은 자기의 몸으로 아기를 잉태하고 출산하고 수유하며 양육하는 운명적인 사슬로 인하여 자기의 자녀를 잘 키우려는 본능을 가지고 있다. 그리하여 가정을 지키기 위하여 기꺼이 자기 몸을 희생하게 된다.

이에 반하여 남성은 자기 몸으로 직접 아버지가 되는 고통과 인내를 체험하지 않았기에 남편의 역할과 아버지의 역할이 매우 생소하고 부담스럽다. 게다가 통상적으로 한국의 가정에서 부모가 사내아이를 양육할 때 가사를 협조하고 가족을 돌보는 일을 아들도 분담하도록 교육하고 습관화시키지 않은 것이 사실이다. 그러기에 결혼한 다음에도 남성들은 여전히 총각 같은 마음과 자세로 살려고 한다. 그래서 자녀양육과 가사의 일과를 기피할 가능성이 많다. 많은 남편이 가정에서 어떻게 자녀를 뒤치다꺼리하며 아이들과 어떻게 놀아 주어야 할지 전혀 알지 못하는 것이다. 이런 이유로 인하여 가정생활에서 여성의 불만과 스트레스가 더욱 커지게 된다.

동서고금을 막론하고 여자들은 남자에 비하여 훨씬 더 잔병치레가 많다. 임신, 출산, 생리주기와 폐경기에 따른 호르몬의 변화 및 자녀양육의 과정에서 여성에게는 신체적으로 엄청난 희생이 수반되기 때문이다. 게다가 현대 여성들은 직장에 진출하여 자기의 실력과 경제력을 인정받아야 한다. 따라서 만성적인 과로에 시달리고 있다.

요즈음 서양의 경우에 남자들의 교통사고율은 과거에 비하여 감소하였는데 여자들의 교통사고율은 오히려 증가한 것으로 보고되었다. 그 원인은 여성들이 잡다한 일과로 시간에 쫓기는 생활을 하기 때문이라고 보도된 바 있다. 이러한 현대 생활의 특성상 남자들이 필연적으로 가사와 육아를 도와주어야 행복한 가정을 꾸릴 수 있다.

특별히 한국의 남자들은 남편의 역할과 아버지의 역할을 새롭게 배우고 익혀야 한다. 그것은 희생이 아니라 헌신이다. 결혼한 이후부터 남자는 어른으로 성숙할 필요가 있다. 이를 위해서는 자기 인생의 우선순위를 정해야 한다. 일 중독에 빠져 있고, 거의 매일 밤 술집에 들른 다음 아이들이 잠든 시간에 귀가하고, 휴일이면 친구들과 등산, 낚시, 골프 여행을 떠나고, 아내가 불만을 이야기하면 협박과 힘으로 억누르는 남성들이 있다면 그들은 어떤 것이 자신의 행복에 유익한지를 한번쯤 가늠해 볼 필요가 있다.

자녀들은 아버지에게서 모범적인 삶의 방식을 배우며, 아버지와 즐겁게 지냈던 어린 시절의 추억을 간직하고 싶어 하고, 더 나아가 아버지를 존경하고 싶어 한다. 그리고 자기는 정신적인 고아가 아니고 아버지에게서 사랑받는 존재라는 것을 몸으로 느끼고 싶어 한다. 아내는 남편의 사랑을 확인하여 도란도란 대화하고 남편과 행복한 시간들을 공유하고 싶어 한다. 이러한 가족의 열망을 무시한 채 10년, 20년, 30년을 자기 본위로 살고 난 뒤에 남자들에게 돌아온 소득은 무엇인가? 어떤 것을 얻었고 어떤 것을 잃었는가를 성찰해 볼 필요가 있다.

서너 살의 아이는 자기의 장난감을 동네 아이와 함께 나누어 쓰려 하지 않고 혼자서 독차지한다. 그러나 좀 더 나이가 든 아이들은 기꺼이 자기의 장난감을 또래들과 같이 나누어 쓰면서 즐거운 시간을 보낼 줄 안다. 하물며 성인된 남성들이, 남도 아닌 자기 가족을 도외시하고 즐겁고 행복한 시간을 자기 혼자서만 보낸다는 것은 매우 미성숙한 행위가 아닐 수 없다.

인간관계에서 어떤 어려움과 손해를 보는 상황이 발생했을 때 성숙한 사람은 상대방을 불러 그 문제를 진지하게 논의할 줄 안다. 그리하여 합리적인 방법으로 손해배상을 받아 내거나 양보와 타협을 얻을 수 있다. 이것이 인격자가 보이는 세련된 리더십이다. 그러한 상황에서 상대방에게 고함치고 욕설과 폭력으로 위협하는 방식은 매우 유치하고 원시적인 수준의 대처방식일 뿐이다.

가족은 남이 아니고 서로를 키워 주는 관계다. 그런 사이에서마저 기어코 승리하기 위하여 자기의 권위와 힘을 남용하는 가장(家長)이 있다면 그는 매우 저급하고 미성숙한 인격자라고 간주하지 않을 수 없다. 가장에게 부여된 힘을 사용하여 강권적으로 복종하도록 만들기보다는 가족이 기쁜 마음으로 가장이 원하는 바를 따라오도록 유도하는 것이 올바른 힘의 사용방법이다. 정말 힘이 있는 사람은 자기의 힘을 감추고 자제한다.

가정과 가족을 경시하는 한국 남성들의 일 문화, 음주 문화, 비정상적인 성 문화, 여가 문화, 폭력 문화가 한국 가정을 파괴하는 주요 원인이 되고 있다. 그런 풍토에서 벗어나 건강한 가정을 지키는 임무에 대하여 여성보다 남성이 더 각성할 필요가 있다. 그것은 또한 남자들이 자기의 인생을 성공적으로 살아가는 길이기도 하며 더 나아가 우리 사회와 국가를 건전하게 보전하는 길이다.

이를 위해서 남편들은 남자의 성격 안에 들어 있는 부드러운 감성, 낭만적이고 예술적이고 여성적인 감성, 즉 아니마(anima)를 개발해야 한다. 그리하여 일단 가정에 돌아온 시간부터 남자는 편안한 아빠, 자상한 남편으로서 가족과 같이 웃고 떠들고, 뒹굴고, 노래하고, 집안일을 거드는 역할을 정규적으로 수행해야 한다. 그것이 가정에서 진정으로 아버지의 권위를 회복하는 길이다.

갈등을 해결하는
부부간의 대화기술

부부 사이에 문제가 발생하면 그때그때 풀어 나가야 한다. 부부
갈등을 방치하게 되면 한쪽은 가해자의 역할을 하고 다른 한쪽은
학대받고 원망하는 역할을 하는 방식으로 대응하는 것이 굳어져
끝내는 그 양식을 깨뜨리기가 매우 어렵게 된다.

제아무리 금슬이 좋은 부부라 할지라도 생활 습관의 차이, 욕구
의 차이, 견해의 차이는 있기 마련이고 부부생활 중에 갈등이 나
타나게 되어 있다. 갈등이란 서로가 오해해서 발생하는 것도 아니
고 부부간의 애정에 해악을 끼치는 것도 결코 아니다. 경우에 따
라서는 아내와 남편이 애써 노력하여도 속 시원하게 해결될 수 없
는 성질의 갈등도 있다.

가족원이 심각한 질환을 장기적으로 앓고 있다든지, 아내는 건
강하고 성적 욕구가 강렬한데 남편은 그와 반대라든지, 한쪽 배우
자는 근검절약하는 성격인데 다른 쪽은 돈을 쓰는 것으로 스트레

스를 푸는 스타일인 경우가 여기에 해당할 것이다. 그러니까 사이 좋은 부부라도 갈등은 있기 마련이다. 갈등은 따지고 보면 개인적 개성과 관련된 것이므로 극히 자연스러운 것이다. 우리는 이러한 점을 먼저 이해해야 한다. 그러므로 가정에서 갈등상황이 발생하면 그것을 부정적으로 지각할 것이 아니라 '아! 우리 두 사람 사이에 차이점이 있구나.'라고 생각해야 한다. 그리고 이 차이점을 어떻게 조절하여 서로 조화롭게 살아갈지를 연구하고 노력하는 일에 주의를 집중해야 한다. 이를 위해서 부부가 합리적으로 사유하고 진지하게 대화하도록 노력할 필요가 있다.

다음에 제시하는 6단계 대화기술을 통해 부부간에 발생한 문제를 풀어 보자. 대화는 문제를 느낀 쪽에서 먼저 시도하게 된다.

제1단계: 먼저 마음을 차분하게 가라앉힌다

앞에서 누누이 설명한 바와 같이 흥분된 상태에서 화가 난 목소리로 이야기를 하게 되면 사태만 악화될 뿐이고 문제는 고스란히 남아 있게 된다. 그러므로 효율적인 문제해결을 위해서 대화를 시작할 때는 자신의 격앙된 감정을 진정시키는 것이 급선무다.

이를 위해서는 다음과 같은 말을 다짐하거나 글로 써 보는 것도 효과적이다.

"나는 담담하게 이야기할 것이다."

"내 아내(남편)를 인격적으로 대우하며 다정하게 말할 것이다."

"나는 움츠러들거나 약자의 위치로 내려가지 않고 인격적으로 대등한 입장에서 말할 것이다. 그것이 내가 나를 존중하는 태도다."

제2단계: 대화를 시작하는 방법에 대하여 숙고한다

배우자에게 말하기 전에 말해야 할 내용을 글로 적어 보고 거울 앞에 서서 말하기를 연습해 보도록 한다. 이것이 힘들면 길을 걸어가면서 또는 자동차를 운전하면서 연극하듯이 혼자서 말하기를 연습해 보도록 한다.

그리고 진짜 문제점이 무엇인가에 대하여 먼저 규명할 필요가 있다. 예를 들어, 남편은 아내를 믿고 돈을 벌어 오는 대로 모두 아내에게 주면 아내는 그 돈을 며칠 안으로 탕진한다고 하자. 아내는 친구들과 어울려 돌아다니기를 좋아하고 사치하기를 좋아한다. 당신은 이 문제를 가지고 가끔씩 아내와 말다툼을 벌인 적이 있는데 이제는 진지하게 대화로써 금전 사용의 규칙을 아내와 함께 제정하려고 한다. 당신이 할 일은 다음과 같다.

① 문제점을 명료화하고 그 문제점에 대하여 부부가 일치된 견해를 갖도록 한다

"여보. 당신, 정신이 있는 거요, 없는 거요? 돈을 그렇게 물 쓰듯이 해서야 어찌 살겠소. 에이, 재수 없어!"

당신이 아내에게 이렇게 말했다면 당신이 말한 목적은 아내에게 화풀이를 하는 것이거나 아내를 질책하고 비판하는 것처럼 보

문제점을 명료화하기

인다. 그런데 화풀이나 질책은 문제해결에 도움이 되지 않는다.

무엇이 부부간에 해결되어야 할 중요한 문제점인가에 대하여 분명하게 언급하는 것이 문제해결적인 대화를 시작하는 지름길이다. 따라서 앞의 말을 다음과 같이 바꾸어 진술하는 것이다.

"여보, 내가 보기에 당신은 돈 쓸 일이 많은 것 같고, 또 씀씀이도 헤퍼 보이는구려. 그런데 당신의 생각은 나하고 다를 수가 있소. 아무튼 우리 부부간에 금전을 사용하는 방식에 큰 차이가 있어서 그것이 항상 말다툼의 원인이 되고 있소. 우리 부부가 생활비를 어떤 방식으로 사용할지에 대해서 의견을 나누고 원칙을 정할 필요가 있겠어요."

② 먼저 긍정적인 표현을 한다

'지혜로운 결혼생활(Smart Marriage)'의 창시자인 고트만(Gottman)은 결혼생활을 불행하게 끝내느냐 또는 행복하게 유지하느냐는 부부 사이에 얼마나 많은 부정적 또는 긍정적 표현을 하고 사는가와 밀접한 관련이 있다고 하였다. 다음과 같이 부정적인 대화 특성을 가지고 있는 부부는 이혼할 확률이 높다고 고트만은 지적하였다.

- 배우자의 특성을 비난한다.
- 자기 행동에 대한 책임을 부정하고 방어적으로 나온다.
- 배우자를 모욕하고 학대적인 태도를 보이며 멸시한다.
- 벽창호로 대한다.

부부가 행복하려면 서로 간에 긍정적인 언어를 자주 구사해야 한다. 그것은 칭찬, 인정, 감사의 말을 통하여 배우자를 사랑하고 소중하게 여기고 있다는 것이 전달되도록 하는 것이다. "당신은 참 세련되었어. 어떤 옷이든지 잘 소화해 낸단 말이야.", "당신은 어쩜 그렇게 기억력이 좋아요. 한두 번 갔던 길을 오랜만에 다시 왔는데 영락없이 찾아낸단 말이에요. 내가 매번 감탄한다니까.", "적은 월급을 타와도 불평 없이 살림을 꾸려가 주니 아주 고맙구려. 당신만큼 알뜰한 살림꾼도 없을 거야.", "당신 고생했지요? 그래요. 당신은 참 대단한 사람이에요." 이런 긍정적인 말은 상대방의 마음의 문을 열어 주고 그 가슴에 사랑의 꽃이 피어나게 해 준다. 누군가가 나를 지극한 마음으로 아껴 주고 사랑하며 인정해 주고 있다는 믿음이 자기 마음속에 남아 있는 사람은 인생의 험한 난관을 헤쳐 나갈 수 있는 용기와 자신감을 얻을 수 있다. 그리고

바람직한 부부간의 대화

가난하고 비천한 상황에서도 미소와 행복을 간직하고 살아갈 수 있다.

'집을 나가겠다.'거나 '이혼하겠다.'와 같은 극단적인 말은 진심으로 그렇게 실행하려고 할 때 이외에는 절대로 하지 않아야 한다. 예를 들어 보자. 당신은 평소에 이렇게 아내를 질타했었다.

"아이고, 내 팔자야, 도대체 당신은 정신이 있는 거요, 없는 거요? 입다 둔 옷이 몇 벌인데……. 차라리 옷가게를 차리시지. 그리고 또 새끼들한테 밥만 먹여 주면 그만이요? 제발 집구석에 좀 앉아 있으면 안 되는 거요? 당신하고 싸우고 사는 것이 지긋지긋하다니까."

남편이 그러한 부정적인 말을 하게 되면 그 말이 비록 진실이라 할지라도 아내는 자기방어하기 위하여 몸을 도사리게 되고 대화를 하지 않으려고 할 것이다. 그러므로 부정적인 언어를 자제하고 가능한 한 긍정적인 언어로 표현해야 한다.

"여보, 당신은 낭만적이야. 그리고 화려하게 멋 내기를 좋아하지. 또 에너지가 넘치고 동적(動的)이라 이곳저곳을 돌아다니면서 즐겁게 시간을 보내고 싶어 하는구려. 아무튼 당신의 밝은 성격은 좋다고요. 그런데 금전 문제를 가지고 당신하고 말다툼을 할 때마다 내가 몹시 속이 상했소."

③ 평가적인 표현보다는 객관적인 표현으로 말한다

아내의 행동에 대하여 '잘했느니, 못했느니'라고 도덕적으로 평가하고 질책하기보다는 객관적인 증거를 제시하면서 이야기를 전개하는 것이 좋다.

"아이고, 내 팔자야. 도대체 당신은 정신이 있는 거요, 없는 거요? 돈만 보면 어디다 쓸까 하고 돈 쓸 일만 생각하니 당신은 집안을 망칠 여자야. 에이, 재수 없어!"

이런 표현을 다음과 같이 바꾸도록 한다.

"여보, 두 달 전에 내가 공사를 마치고 받은 대금을 당신한테 전부 주었지 않소? 그런데 예금통장의 잔고가 이것뿐이란 말이요? 두 달 사이에 그 많은 돈을 다 써 버렸다는 것이 난 도무지 이해가 되지 않소. 내가 얼마나 놀랐는지 몰라요. 당신에게 크게 실망하고 화가 나서 말하는 거요. 언제쯤 시간을 내서 우리 부부가 금전 사용 원칙을 세워 보도록 합시다."

제3단계: 배우자에게 직접 이야기한다

당신이 흥분을 가라앉히고 담담하게 말할 수 있는 상태가 된 다음에는 상대방과 직접 맞닥뜨리도록 한다.

① 대화하자고 건의한다

당신은 아내에게 대화를 하자고 다음과 같이 건의할 수 있다.

"여보, 우리가 금전 사용 문제를 가지고 그동안 여러 차례 말싸움을 벌였고 서로 신경이 곤두섰었는데 그럴 것이 아니라 진지하게 이 문제를 이야기해 봅시다. 당신도 내게 할 말이 있을 것이고

원하는 것이 있을 것이요. 지금 모처럼 내가 한가하니까 나하고
같이 한두 시간 정도 논의를 해 보면 어떻겠어요?"

부정적 언어를 삼가고 긍정적인 언어로 말하기

② 다시 거론한다

아내가 "싫어요."라고 하면 "그래, 지금은 당신이 나하고 이야기할 마음이 없는 것 같으니, 다음 기회에 진지하게 논의하도록 합시다."라고 말한다. 얼마의 기간이 경과한 다음에 당신은 그 문제를 다시 거론하도록 한다.

"여보, 우리가 금전의 사용 방법에 대해서 지난번에는 이야기를 하지 못했는데 오늘이나 내일쯤 외식하면서 그 문제를 한번 짚고 넘어가야 할 것 같은데, 어때요?"

당신이 이렇게 제의해도 아내가 "싫어요."라고 말한다면 배우자의 협조를 받아 낼 수 있는 상황이 아니다. 그때 당신은 어떤 조치를 취할 것인가? 당신은 불같이 화를 내거나 아내를 비난하고 집밖으로 쫓아낼 수도 있다. 그러나 바람직한 방법은 당신이 화가 난 감정과 실망감을 담담하게 표현하는 것이다.

③ 대화하기를 포기하지 마라

이때 유념할 것은 상대방이 당신과 상의할 의사가 없음을 표명하더라도 그와 대화하기를 결코 포기하지 않는 것이다. 배우자가 다른 쪽 배우자에게 수십 번 부탁하지만 번번이 묵살될 때 그 문제에 대한 논의를 아예 단념해 버리기 쉽다. 그러나 포기와 단념으로 문제는 결코 해결되지 않는다. 오히려 시간이 경과함에 따라 만성적으로 악화되어 부부관계에 더 깊은 골을 만들 가능성이 많다. 그러므로 당신은 이런 식으로 말해야 한다.

바람직한 부부간의 대화

"이 문제는 내게 정말 중요한 것이라서 당신과 함께 반드시 짚고 넘어가고 싶군요. 나하고 같이 이야기할 의사가 정말 없다는 거예요?"

"여보, 우리 가정의 금전 사용법에 대해서 당신하고 합의를 보고 싶었는데 당신이 끝내 비협조적으로 나오니까 내가 몹시 화가 나는구려."

④ 상대방의 협조를 얻어 낼 수 없을 때는 당신 독자적으로 행동하도록 한다

배우자에게 대화하기를 당신이 수차례 요청했지만 상대방이 비협조적으로 나올 때는 그를 비난하고 원망, 분노할 필요가 없다. 배우자는 변화할 의사가 없고 또 변화하기가 불가능하다면 이제는 당신 쪽에서 당신이 그 문제를 보는 시각을 바꾸어야 한다. 즉, 2차원적 변화를 모색할 때다. 다시 말해서 경제적인 관리 능력이 부족한 아내에게 당신이 금전관리를 위임한 것이 잘못이라는 것을 깨닫고 이제부터는 당신이 독자적으로 그 문제를 해결하는 방안을 강구해야 한다.

"당신이 우리 가정의 경제문제에 대해서 나하고 솔직하게 상의할 마음이 없는 것 같으니까 앞으로는 내가 임의로 생활비를 책정해서 주겠소. 우리 자녀의 학자금을 위한 예금이라든지 노후설계 등은 내가 알아서 처리하겠소. 당분간은(적어도 1~2년간은) 내 방식대로 밀고 나가겠소. 그래도 괜찮은지 한번 두고 봅시다. 그리

고 당신이 불만이나 불편을 느끼게 되면 그때 가서 이야기를 해 봅시다."

제4단계: 상대방이 당신과 대화를 나눌 의사가 있음을 표명하면 그에게 이야기할 기회를 주도록 하고 적극적으로 대화한다

"당신이 나하고 금전 사용의 문제를 심도 있게 이야기하자고 응하니까 나도 기분이 좋구려. 여보, 내가 볼 때 당신 씀씀이가 너무 헤퍼서 나는 우리 가정경제에 대하여 항상 불안하고 당신의 생활방식이 맘에 들지가 않았어요. 그런데 이것은 나의 입장이고 당신도 나에게 하고 싶은 말이 있을 것 같아요. 당신도 나에게 답답하고 불만스러운 점이 있었을 테니까 그런 점에 대해서 말을 해 봐요."

① 적극적인 경청의 자세로 임한다

배우자에게 이야기할 기회를 준 다음에는 당신 쪽에서 적극적인 경청자가 되도록 한다. 그리하여 배우자에게 시선을 맞추고 가끔씩 고개를 끄덕이며 질문도 하면서 그의 마음을 이해하려고 노력하는 것이다.

특별히 유의할 점은 상대방의 말을 중간에 가로막지 않도록 하는 것이다. 상대방의 마음을 제대로 이해하기 위해서는 '앵무새 노릇하기', 즉 듣는 사람이 송신자의 말을 앵무새처럼 따라하는 것이 매우 효과적이다.

바람직한 부부간의 대화

② 배우자의 감정에 공감해 주는 것을 잊지 않도록 한다

'대화가 통한다'는 것은 자기 '마음을 알아 준다'는 것이고, 그것은 공감(共感)해 주는 방식으로 전달된다. 이것이 인간관계의 근본이라고 말해도 과언이 아닐 것이다. 그러므로 문제를 거론한 당사자가 상대 배우자의 이야기를 경청하면서 그의 마음을 정확하게 읽어 주는 역할을 수행할 때 건설적인 방향으로 대화가 진척된다. 예를 들어 보자.

아내: "당신이 나한테 속 시원하게 해 준 게 뭐가 있나요?"

당신: "내가 밥을 안 주었소, 옷을 안 사 주었소? 생활비를 안 주었소? 당신은 쓰고 싶은 대로 다 쓰고 살았지 않소?"

아내: "흥! 단 한 번이라도 다정하게 좋은 말로 웃으면서 돈을 준 적이 있나요?"

당신: "아니! 내가 돈 버는 기계 노릇을 하는 것도 지긋지긋한데 다정하게 웃으면서 당신한테 갖다 바치라고요? 당신이 사람이요?"

이제 당신의 대꾸를 공감하는 방식으로 바꾸어 보자.

아내: "당신이 나한테 속 시원하게 해 준 게 뭐가 있나요?"

당신: "난 애써 돈 벌어다 당신한테 다 주었는데……, 당신은 내가 당신을 충분히 배려해 주지 않았다고 생각하고 섭섭

했던 모양이지요?"(공감하기)

아내: "그래요. 돈을 주기는 주었지만 항상 싫은 소리하면서 나를 믿지 못하겠다는 듯이 주다 안 주다 했죠. 그러니까 큰 돈이 생기면 그동안 사지 못했던 것을 한꺼번에 다 사게 되는 거예요."

당신: "아, 그렇게 느꼈어요? 그래서 섭섭했겠네.(공감하기) 난 우리가 돈을 아껴 써야 한다는 생각으로 당신한테 절약하라는 말을 한 것인데……."

아내: "여보, 당신이 가장 노릇하느라고 수고하신다는 것 나도 잘 알고 있어요. 정말 고마워요. 그런데 기왕이면 돈을 주실 때는 웃으면서 기분 좋게 주세요. 그리고 옷을 한 벌 사더라도 옷다운 걸 살 수 있게 넉넉하게 주세요."

모든 부부에게 부부싸움의 첫 번째 쟁점은 금전문제다. 그리고 두 번째 쟁점이 자녀지도 문제다. 앞의 사례에서도 금전사용의 문제를 가지고 부부간에 언쟁하고 있다. 남편은 아내에게 돈을 아껴 쓰라고 하고, 아내는 남편이 자기에게 넉넉하게 돈을 주지 않는다고 불평한다. '돈'의 사용 문제는 표면적으로 나타난 갈등문제다. 그러나 좀 더 깊은 차원에서 상대방이 배우자에게 느끼는 불만은 '돈' 자체가 결코 아니다. 남편은 아내가 진실로 자기를 사랑한다면 남편이 땀 흘려 힘들게 번 돈을 함부로 낭비하지는 않을 것이라고 생각하고 금전 사용을 자제함으로써 자기에 대한 사랑과 배

바람직한 부부간의 대화

려를 보여 달라는 마음을 가지고 있다. 아내는 남편이 진실로 자기를 사랑한다면 아내가 흡족하게 돈을 쓰도록 허용해야 한다고 생각한다. 그러니까 넉넉하게 돈을 주어 자기에 대한 남편의 사랑을 보여 주길 바라는 마음이 있다. 표면적으로는 '금전' 문제를 다루고 있으나 내면적으로 숨겨진 본질적인 문제는 상대방에 대한 사랑과 배려와 존경의 요구다.

배우자들이 표면적으로는 말하지 않지만 내면적으로 마음 깊이 무엇을 원하고 있는지를 헤아려 주고, 그 마음에 공감을 표시해 줄 수 있는 수준까지 대화 능력이 발전한다면 부부간의 금전적 갈등은 쉽게 풀릴 수 있을 것이다.

③ 상대방의 성격 유형과 지각적(知覺的) 특성에 맞추어 대꾸하도록 한다

앞의 대화를 가지고 이 부부의 기질과 개성을 대강 헤아려 보기로 하자.

'밥 먹고', '옷 사주고', '생활비 주고', '돈 버는 기계이고'와 같은 남편의 말을 듣고 미루어 짐작하자면 남편은 매우 실제적인 성격 유형의 사람 같다. 아내가 '나한테 해 준 게 무어냐?', '다정하게', '좋은 말'과 같은 표현을 한 것을 가지고 미루어 짐작하자면 아내는 감성적이고 직관적인 성격 유형의 사람으로 비쳐진다. 배우자가 당신의 애정을 받고 싶은 욕구를 표현할 때 당신이 어떤 식으로 응해 주는 것이 배우자를 만족시켜 줄 것인가? 당신 나름대로

배우자를 사랑해 주기보다는 상대방의 성격적 기질에 맞추어 애정 욕구를 충족시켜 줄 때 배우자는 행복하다고 느끼게 된다.

앞의 사례에서 남편은 아내에게 생활비를 주고 옷을 사 주는 식으로 가장 노릇을 수행하는 것이 아내에 대한 자기의 애정을 표현한 것이라고 지각하고 있다. 그러나 부인은 남편이 다정하게 웃어 주고 칭찬과 애정의 말을 표현해 주는 것에서 남편의 사랑을 느끼는 것 같다.

그러니까 자기가 배우자에게서 사랑받고 있다는 느낌은 개인의 취향에 따라서 다르다. 신체적인 터치(touch), 따뜻한 말과 대화 나누기, 가정사를 도와주는 봉사, 물질(선물)의 제공, 함께 시간 보내기가 모두 사랑의 언어요, 사랑의 행위인 것은 틀림없다. 그러나 이들 다섯 가지 '사랑의 언어(love language)' 중에 어떤 것을 특별히 선호하느냐는 개인에 따라서 다르다. 배우자가 이것 중 어떤 것을 더 선호하는지를 한번 헤아려 보고 그에 맞추어 줄 필요가 있다.

④ 남성과 여성의 기질적 차이점을 인식하고 대화하도록 한다

남자와 여자는 생물학적 차이와 더불어 심리적으로도 차이가 있다. 남자는 이성적인 면이 강하고 여자는 감성적인 면이 강하다. 이러한 차이점을 인식하지 못하기 때문에 원만한 부부간에도 말로는 표현하기가 힘든 미묘한 괴리감을 가끔씩 경험하게 된다.

예를 들어 보자. 토요일 저녁인데 고선남 씨의 집에는 그날따라

저녁 반찬이 별로 준비되지 않았다. 고선남 씨가 남편과 주고받은 대화 내용을 들어 보자.

고선남: "여보, 제가 바빴거든요. 오늘 저녁 반찬거리가 마땅치 않아요. 간단하게 국수라도 삶을 테니까 한 20분 기다릴래요?"

남편: "그럼 모처럼 우리 둘이 외식을 합시다."

고선남: "그래요? 아이 잘됐다. (기분 좋아함) 잠깐만 기다리세요." (화장 고치고 옷 갈아입는 데 10분이 걸린다.)

남편: "뭘 하고 있어요? 빨리 나갈 일이지……, 우리 둘이 나간다는데 누가 당신을 봐 준다고 그 야단이에요?"

고선남: "그래도 그렇죠. 어디로 갈까요?"

남편: "가까운 곰탕집으로 갑시다."

고선남: "곰탕은 얼마 전에 먹었는데…… 기왕이면 깔끔한 레스토랑으로 가요. 네?"

남편: "거기 가면 식사 주문하고 기다리는 데 시간이 걸린다고요."

고선남: "그래도 모처럼의 외식인데……, 좀……."

남편: "당신은 참 답답해. 생각해 봐요. 우리 둘이 간단하게 한 끼 때우면 되는 것을 가지고 뭘 그리 신경을 많이 써요? 입던 옷 그대로 입고 동네 식당에 가서 밥 한 그릇 먹고 오면 되는 거지……. 당신 하는 대로 따라다니다가 내가 좋아하는 스포츠 프로를 한 시간이나 못 보잖아요? 에이

참! 당신은 참 유치하다니까……."

고선남: "글쎄……, 그래도……." (기분이 울적해짐)

남편은 아내의 기분을 이해하지 못한다. 감성이라는 것은 이론적으로 설명될 수 있는 것이 아니기 때문에 더욱 그러하다. 부부싸움을 할 때 많은 가정에서 남자들은 아내에게 논리적으로 따지고 설득하고 설교하는 식으로 나오기 십상이다. 그런데 이성적인 방법으로는 아내를 감동시키거나 아내의 마음에서 우러나오는 승복을 결코 얻어 낼 수가 없다. 그러므로 부부싸움이 벌어지면 남편은 자기 방식을 버리고 아내의 천성적인 기질을 따라가 주는 것이 아내에게서 항복과 협조를 얻어 내는 최선의 방책이다. 논쟁적으로 배우자를 설득하려 하지 마라.

그 대신에 아내의 눈을 지그시 바라보며, 아내를 안아 주고, 토닥거려 주면 되는 것이다. 다른 말로 표현하자면 아내의 감성에 공명(共鳴)하도록 하라는 것이다. 남녀관계에 관한 존 그레이(John Gray)의 베스트셀러『화성에서 온 남자, 금성에서 온 여자』는 남녀 간의 기질적 차이를 잘 설명해 주고 있다. 남자는 수리공 같다. 남성은 대개가 업무적·기능적으로 대화하려고 하기에 여성의 말을 경청하는 것이 매우 서투르다고 한다. 한편 여자들은 진보위원장 같다. 여성은 배려하고 희생하는 일에 에너지를 소진하고 나서 남자들에게 불평과 비난의 화살을 보내기 쉽다. 그리하여 남녀 간의 대화를 통역해 주는 통역관이 따로 필요할 정도로 서로의 대화를

바람직한 부부간의 대화

남편 다루기 – C학점

남편 다루기 - A학점

바람직한 부부간의 대화

이해하기 힘든 경우가 허다하다는 것이다.

남자는 가정과 결혼생활의 만족을 기능적인 면에서 구하는 데 반하여 여자는 안전과 관계성에서 추구하려는 경향이 있다. 남편은 아내에게서 존경과 인정을 받고 싶어 한다. 그리고 가정에 돌아와 편안하게 쉬고 에너지를 재충전하면 행복하다고 느끼게 된다. 이에 반하여 부인은 남편에게서 사랑을 받고 싶어 하고 다정한 대화를 나누고 싶어 한다. 따라서 여자들은 남편의 자존심과 독립성에 대한 욕구를 이해해 주어야 한다. 한편 남편은 아내의 정서적 관계성에 대한 욕구를 이해하고 지금부터는 부드러운 말과 신사다운 태도로 임하도록 노력해야 한다. 간혹 가다 한 번씩은 연애시절에 취했던 행동과 외교관과 같은 태도로 임하는 것이 현명하다. 아내는 영원한 여성이다.

제5단계: 문제해결을 위한 방안을 여러 각도에서 논의한다

이 단계에서는 다양한 대안(代案)을 도출해 내 부부가 안고 있는 어떤 문제를 효율적으로 해결할 수 있도록 브레인스토밍(brainstorming), 즉 중지수렴(衆智收斂)의 시간을 갖도록 한다.

부부는 논의할 주제를 정한 다음, 다양하고 기발한 아이디어를 되도록이면 많이 도출해 내도록 하는데, 이를 위해서 약 일주일 정도의 시간적 여유를 갖도록 한다. 그리고 나서 서로가 생각해 낸 아이디어들과 주변 사람들의 경험담을 머리를 맞대고 이야기하도록 한다. 이때에는 도출된 아이디어에 대하여 일체의 판단과 평가를 유보하고, 그것들을 모두 기록하는 것이다.

제6단계: 여러 대안 중에 가장 현실적이고 현명한 한두 가지의 대안을 선택하고 그에 따른 계획을 수립하여 실천한다

이 단계에서는 브레인스토밍의 과정을 통하여 수집된 여러 가지 아이디어를 심사하고 분류하고 평가하도록 한다. 각각의 대안이 가지고 있는 장단점을 살펴본 다음에 현실적으로 적용하기 쉽고 유용한 대안을 한두 가지 선택하거나, 그것들을 조합하고 다듬어서 제3의 아이디어를 만들어 선택하도록 한다.

예를 들어, 김한길 씨(보험회사원)와 채유리 씨(공무원) 부부는 세 아이(2세, 4세, 7세)의 양육과 직장생활을 병행하는 일에 몹시 지쳐 있다. 특히 주말이면 더욱 지쳐 버리는 그들의 생활에 활력을 찾고 싶다. 그 문제를 놓고 이들 부부는 제5단계의 과정에서 "자녀양육도 잘 하면서 즐거운 주말을 보내려면 어떤 방안이 있을까?"라는 주제를 정하고 약 1~2주 동안 부부 각자가 여러 가지 아이디어를 생각해 보았다. 그들이 수집한 대안들은 다음과 같다.

① 아이들이 자랄 동안 약 2년간 부부 중 한 사람이 직장을 그만 두고 육아에 전념한다.
② 부부 중 한 사람이 1~2년간 해외 근무하도록 신청하고 한 사람은 휴직 조처한 후 외국 생활을 하고 돌아온다.
③ 지금처럼 친정 부모님과 가정부에게 자녀들을 맡기고 한 달

남편 다루기 - 여우학점

에 한 번은 주말까지 아이를 더 돌보아 달라고 부탁한다.

④ 의도적으로 주말에 여행을 가도록 1년에 두어 번 계획을 짜서 부부휴가를 갖는다. 그리고 그 시간에는 자녀 걱정을 하지 않도록 한다.

⑤ 어린이집 종일반에 아이들을 맡긴다.

⑥ 같은 아파트 주민이나 친구 가정과 네트워크를 형성하여 주말에 한두 집에서 공동으로 아이들을 돌보게 한다. 그리하여 적어도 한 달에 한 번 정도는 부부가 주말여행을 할 수 있도록 조처한다.

⑦ 친구들 남편과 모임을 만들고 각 집으로 주말에 아이들을 보내서 서너 명의 남편들이 육아체험하는 프로그램을 짠다. 그리고 부인들은 자유시간을 가진다.

⑧ 한 달에 한 번 정도 친구들 부부와 자녀들이 모두 모이는 모임을 결성한다. 이 기회에 레크리에이션 강사와 보육사를 초빙하여 프로그램을 진행함으로써 온 가족이 여가와 친교와 육아문제를 한꺼번에 해결하도록 한다. 그리고 자녀지도에 관한 부모교육도 수강한다.

제6단계에서 이들 부부는 ③, ④, ⑧의 아이디어를 선택하고 그 내용을 보완하였다. 즉, 지금처럼 친정 부모님과 가사도우미의 도움을 받아 자녀를 양육하되 부부는 1년에 두어 번 주말여행을 하기로 했다. 주말여행 기간에는 가사도우미에게 과외수당을 주어 연장근무를 부탁하기로 했다. 그리고 친구 부부들과 자녀들이 함께 모여 공동의 모임을 갖는 일에 대해서는 시간을 두고 체계적으로 프로그램을 고안하기로 하고, 방학 동안에 이틀씩 일 년에 두 번 정도 실행해 보기로 했다.

　누구를 막론하고 이상에서 소개한 대화방법을 일상생활 중에 단계적으로 사용하기는 사실상 거의 불가능할 것이다. 그러나 부부간에 어떤 문제점을 반드시 짚고 넘어가야 하겠다고 느끼는 상황이 발생할 때 이 단계를 순서대로 따라가면서 대화하게 되면 틀림없이 놀랄 만한 효력이 나타나는 것을 체험할 수 있을 것이다.

3

체계적인
부부대화의 연습

부부대화를 체계적으로 연습하는 방법 중에서 밀러(Miller)가 고안한 '부부대화(Couple Communication)'를 소개한다. 이것은 원칙적으로 전문가와 함께 연습하게 되어 있지만 부부가 나름대로 연습해 볼 수 있다.

어떤 사건이나 상황이 발생하였을 때 그것을 부부가 지각하고 느끼고 행동하는 바가 각각 다르기 때문에 갈등의 소지가 발생한다. 그러므로 갈등의 해결과정에서 배우자가 서로의 욕구를 알아차리고 충분히 배려해 주고 있는지와 효율적으로 말하고 경청해 주는지의 여부에 따라서 부부관계가 호전되기도 하고 악화되기도 한다.

밀러는 갈등을 풀어 나가는 과정에서 부부가 취하는 행동방식은 ① 회피, ② 설득적인 말다툼과 항복, ③ 겉돌기, ④ 양보, ⑤ 협동의 다섯 가지 형태로 나타난다고 하였다. 앞의 네 가지 형태는

호나이(Horney)가 소개한 부적응적 대처방식과 사티어(Satir)가 강조한 역기능적 의사소통의 유형과 비슷한 개념들이다. 협동의 과정은 양쪽 모두에게 만족스럽고 이득이 될 수 있는 해결책을 찾아내기 위하여 부부가 충분히 자신을 표현하고 자기 욕구를 충족하면서 배우자에게도 동일한 배려를 하는 것이다. 그러므로 협동의 과정은 양보의 수준을 능가한다. 부부가 협동하여 의견 일치에 이르기 위해서는 상호 간의 이해와 합의가 필요하다. 협동적 방법을 사용하면 논의하는 데 많은 시간이 소요되지만 궁극적으로는 만족스러운 관계를 얻게 된다.

자기를 배려하기

배우자에게 자신을 알리기 위해서는 먼저 자기 쪽에서 자신의 욕구, 감정, 생각 등을 알아차리고(aware) 이어서 그것을 정확하게 말할 수 있어야 한다. 밀러 등은 다음 그림과 같은 '자각의 수레바퀴(The Awareness Wheel)'를 이용하였다. 자기를 배려하기 위해서는 어떤 문제를 놓고 ① 자기가 보고 들은 감각적 정보, ② 자신의 사고, ③ 감정, ④ 소망, ⑤ 행동의 다섯 가지 차원에 대하여 이야기해 보는 것이다. 남편(배우자)은 자각의 수레바퀴가 그려진 세트판 위에 서서 이야기를 하고, 부인은 배우자가 이야기하는 것을 지켜보고 있다가 그 과정을 제대로 수행하고 있는지에 대하여 피드백을 보낸다. 남편이 이야기하기를 끝마치면 다음에는 부인이 그 과정을 이어받는다.

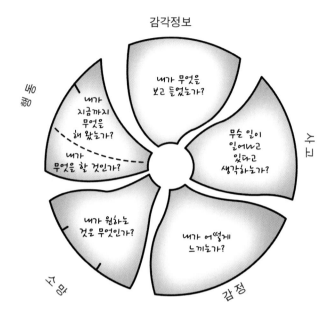

감각정보

내가 무엇을
보고 들었는가?

사상

무슨 일이
일어나고
있다고
생각하는가?

행동

내가
지금까지
무엇을
해 왔는가?
내가
무엇을 한 것인가?

내가 원하는
것은 무엇인가?

내가 어떻게
느끼는가?

욕망

감정

자각의 수레바퀴 • 출처: 『부부가 함께 말하기와 듣기』(채규만 외 역, 1996)

만약에 당신이 이와 같은 연습을 실제로 해 본다면 그동안 배우
자에게 자신을 얼마나 알리고 살아왔는지에 대하여 크게 깨닫는
바가 있을 것이다.

배우자를 배려하기

배우자의 욕구, 감정, 사상이 무엇인지를 알아차리고 그의 마음
을 헤아려 주기 위해서는 내 쪽에서 그의 말을 잘 경청해 줄 필요
가 있다. 밀러 등은 배우자의 이야기를 잘 경청해 주려면 관심 기
울이기, 인정하기, 정보 요청하기, 요약하기, 질문하기의 다섯 가
지 기술이 필요하다고 하였다.

자각의 수레바퀴 위에서 말하기 – 듣기

갈등을 해결하기: 문제를 그려 보기

부부간에 어떤 문제가 발생하면 부부는 먼저 자신의 욕구를 알아차리고 자기를 보살피는 태도를 취한다. 그리고 나서 배우자의 욕구를 알아차리고 배려하는 태도를 가지고 문제점에 대한 윤곽을 그려 보도록 한다. 부부는 자각의 수레바퀴에 표시된 모든 영역을 고려하여 대화하면서 다음과 같은 여덟 단계를 밟아 나가 갈등을 해결하게 된다.

- 1단계 – 문제를 확인하고 정의하기
- 2단계 – 문제를 풀기 위해 계약하기
- 3단계 – 문제를 완전히 이해하기

- 4단계 – 소망을 확인하기
- 5단계 – 여러 가지 대안을 탐색하기
- 6단계 – 대안을 선택하기
- 7단계 – 행동계획을 검토하기
- 8단계 – 실천한 결과를 평가하기

각 단계에서 대화할 때 유념할 사항을 살펴보면 다음과 같다.

대화양식을 선택하기

원만한 부부생활을 영위하려면 자신들이 주로 어떤 유형의 대화 스타일에 고정되어 있는가를 먼저 발견할 필요가 있다. 만약에 부부가 바람직하지 못한 의사소통의 방식으로 정형화되어 있다면 그것을 개선하여 보다 세련되고 다양한 방식으로 대화를 할 수 있도록 노력해야 한다. 그리고 새로운 대화방식이 몸에 익을 때까지 꾸준히 연습해야 한다. 대개 사람들은 다음과 같은 네 가지 대화양식으로 이야기를 한다.

- 일상생활과 일 중심으로 말하기 – 건성으로 듣기
- 통제적으로, 말다툼식으로, 앙심 품고 말하기 – 반응적으로 듣기
- 탐색적으로 말하기 – 탐색적으로 듣기
- 솔직하게 말하기 – 잘 경청하기

일 중심으로 말하기 - 건성으로 듣기

통제적으로 말하기 - 반응적으로 듣기

탐색적으로 말하기 - 탐색적으로 듣기

솔직하게 말하기 - 잘 경청하기

바람직한 부부간의 대화

말다툼식으로 말하기 - 듣기　　　　솔직하게 말하기 - 잘 경청하기

　문제해결적 대화를 시도하려면 일 중심으로 말하기 - 건성으로 듣기를 해서도 안 되고, 통제방식으로, 말다툼식으로, 또는 앙심 품고 말하고 그에 대하여 반응적으로 경청하는 방식으로 대하지도 말아야 한다. 그 대신에 탐색적으로 말하고 탐색적으로 듣는 태도와 솔직하게 말하고 잘 경청하는 태도가 요청된다.

　탐색적으로 말하기와 탐색적으로 듣기는 모호하고 복잡한 일이 발생하였을 때 사실을 확인하고 해결 가능성을 타진해 보기 위해 사용하는 객관적이고 합리적인 대화법이다. 문제점을 밝히기, 관련된 정보를 제공하기, 이유를 분석하기, 느낌을 말하고 설명하기, 해석하기, 브레인스토밍하기(또는 가능한 대안을 제시하기)가 여기에 속한다. 탐색적으로 말하기는 상대방을 비난하지 않는 방식으로 이야기를 하는 것이기 때문에 상대방의 관심과 협조를 얻어 낼 수 있다.

　잘 경청하기는 온화하게 시선 맞추기, 안정된 자세와 상대방을 인정해 주는 반응, 들은 바를 요약하기, 상대방에게 의견을 묻고 질문하기 등의 행동으로 나타난다. 내 쪽에서 이런 태도를 보이게 되면 상대방은 자기가 존경받는다는 느낌을 받게 된다. 그리하여 기분이 좋아져서 당신의 이야기를 호의적으로 듣게 된다.

혼합 메시지를 잘 처리하는 것도 이 기술에 속한다. 상대방의 이야기 속에 두 가지의 모순된 내용이 언급될 경우가 있다. 가령, 높이 치켜 주면서 깎아내리고, 처음엔 좋다고(긍정) 해 놓고 나서 뒷말은 나쁘다고(부정) 하고, 선심을 쓰는 듯이 말하지만 조건부가 달린 선심의 말 같은 것은 모순적이다. 이런 경우에는 언급된 두 가지의 내용을 모두 인정하고 나서 그 말의 이면에 숨겨진 본래의 의미가 무엇인지를 명료화해야 한다. 그러니까 진심은 어떤 것인가를 상대방에게 질문해 보는 것이 혼합 메시지를 잘 처리하는 기술이며 잘 경청하는 기술에 해당한다.

솔직하게 말하기는 주장적 자기표현의 기술에 해당된다. 자신과 상대방의 인권과 권리를 존중해 주고 인정하면서 자기의 원하는 바를 직접적으로 표현하는 기술, 즉 '공감적 자기주장'의 요령과 일치한다.

⁶⁴⁷ 부부관계를 향상시키는 의사소통기술

한편 스탠리와 마크맨 등(Stanley & Markman et al.)이 보급하고 있는 PREP(Prevention and Relationship Enhancement Program)은 심각한 갈등과 불화를 경험하는 기혼부부들의 이혼을 예방하고 부부관계를 향상시키는 의사소통의 기술을 교육하고 훈련하는 내용으로 되어 있다. 그 내용을 대강 소개하면 다음과 같다.

의사소통의 위험신호를 알아차리기

부부의 애정은 어떻게 해서 식게 되는가? 그것을 PREP에서는 침식작용의 원리로 설명한다. 부부간에 언쟁을 하는 상황이 발생하면 서로가 헐뜯고 부정적인 말을 많이 하게 된다. 이러한 습관이 오랜 시간 동안 반복되면, 그것은 마치 강한 산성 성분이 바위를 침식시키듯이 부부간의 사랑과 긍정적인 감정을 죽이는 결과를 가져 온다. 그러므로 부부관계를 현명하게 해 나가려면 애정관계에

파괴적인 영향력을 미치는 행동양식이 무엇인가를 먼저 알아차려야 한다. 이것이 의사소통의 위험신호인데 다음 네 가지가 있다.

- 언쟁의 강도가 높아지는 것 – 부정적인 말대꾸가 오가는 행위. 힘겨루기와 비슷한 개념이다.
- 상대방을 무시하기 – 상대방의 생각, 감정과 인격을 무시하는 행동
- 부정적으로 해석하기 – 배우자가 말한 내용에 대해서 부정적이고 불공평한 추측과 해석을 하는 것
- 회피하기 – 배우자가 중요한 안건을 이야기하려고 할 때 그에 응하려는 의사가 없고 논의에 가담하려 하지 않는 행위

보다 만족스러운 결혼생활을 유지하기 위해서 부부는 부정적인 양식으로 대화하는 것을 처음부터 시도하지 않거나 중단하고 줄여 나가야 한다. 그러므로 당신이 흥분했을 경우와 상대방이 흥분했을 경우에는 반드시 중간 휴식시간(Time Out)을 갖도록 한다.

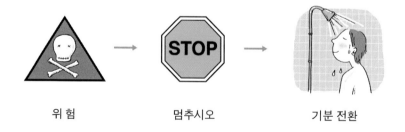

위 험   멈추시오   기분 전환

부부대화가 위험수준에 이를 때: 중간 휴식시간의 요청

바람직한 부부간의 대화

상대방 배우자에게 "우리가 지금은 흥분하고 있으니 잠시 휴식시간을 가집시다."라고 말한다. 그리고 자신을 진정시킬 만한 일을 한 다음에 그 안건을 다시 다루도록 한다.

싸우지 않고 말하기

사람들은 상대방과의 관계에서 편안한 느낌이 들지 않을 때는 자기의 진심을 말하려 하지 않으며 거리감을 두게 된다. 그리고 방어적으로 나오게 된다. 따라서 부부간에 참된 대화가 이루어지려면 안전감과 함께 위협을 느끼지 않는 분위기를 조성해야 한다. 그것은 싸우지 않고 말하는 것이다. PREP에서는 전문가가 코치가

성공적인 결혼생활의 비결: 대화자-경청자 기술

되어서 부부간에 대화하고 경청하는 기술을 가르치고 연습시킨다. '대화자-경청자의 기술'이 그 요령이다.

[대화자-경청자의 기술]

- 대화자가 지켜야 할 규칙-자기 자신의 말만 한다. 지레짐작하지 않는다. 간결하게 말한다. 이야기한 말을 자꾸 반복하지 않는다. 대화를 일단 멈추고 경청자가 바꾸어 말하도록 한다.
- 경청자가 지켜야 할 규칙-당신이 경청한 내용을 바꾸어 말해 준다. 대화자의 메시지에 초점을 맞춘다. 반박하지 않는다.
- 대화자-경청자가 함께 지켜야 할 규칙-대화자가 먼저 이야기할 권리(발언권)를 가진다. 대화자가 이야기할 동안 경청자는 바꾸어 말하기를 한다. 경청자에게 이야기할 권리(발언권)를 넘겨 준다.

이 기술은 안전하게 의사소통하도록 체계적으로 구성된 방법이다. 그러므로 부부간에 어떤 안건을 진지하게 논의하고자 하는 상황에서만 사용하도록 고안되었고, 이 기술의 핵심은 상대방의 마음을 이해하고 공감하도록 하는 것이다.

의사소통의 방해요소 제거하기

사람들은 왜 대화가 안 통한다고 느끼는가? 그것은 내가 말한

바람직한 부부간의 대화

의도를 상대방이 정확하게 파악하지 못함으로 인해 내가 그에게 어떤 영향력을 행사할 수 없는 상황이 되었기 때문이다. 상대방은 내가 말한 내용을 곧이곧대로 수용하지 않는데, 그것은 경청자의 마음과 환경 속에 많은 방해 요소가 들어 있음을 의미한다. 의사소통을 방해하는 요소 내지 필터(filter)는 다음과 같다.

- 주의력 분산－너무 많은 소음이나, TV, 피로 등으로 인하여 이야기를 잘 할 수 없는 상황은 피해야 한다.
- 정서 상태－분노, 슬픔, 행복, 우울증, 질병 등과 같이 강렬한 정서 상태를 경험하고 있을 때는 제대로 대화하기가 힘들다.
- 신념과 기대－신념이란 불합리한 기본 가정을 말하는 것으로서, 가령 언쟁하는 상대의 목소리가 높아지면 당신을 속상하게 만들려는 의도로 해석하고, 침묵을 지키면 당신에게 관심이 없다고 믿는 행위다. 사람들은 자신의 신념에 따라 상대방이 어떻게 해 주기를 기대한다. 가령, 자기가 TV시청을 좋아하면 배우자도 TV시청을 즐길 것이라고 기대하는 것이다.
- 개성의 차이－한 배우자는 수다스럽고 다른 배우자는 말이 적으며, 한쪽은 감정표현을 잘하고 다른 쪽은 목석(木石) 같은 기질일 수 있다.
- 자기 보호기제－상대방에게서 배척당하거나 상처받을까 봐 두려워 솔직한 자기 의사를 표명하지 않고 자기를 보호하는 방식으로 말한다. 가령, "난 당신하고 오늘 밤 영화 보러 가

고 싶어요.”라고 말하기 보다는 “당신, 오늘 밤 영화 보러 가고 싶은 맘 없어요?” 라고 질문하는 것이다.

숨겨진 욕구를 파악하기

사건(events)은 어떤 일이 표면적으로 일어나는 것으로서 그것은 부부간에 쟁점(issues)이 되어 온 금전문제, 자녀지도 문제, 대화문제, 시댁 · 친가와의 문제 등과 같은 좀 더 깊은 사안을 건드리는 계기가 된다. 그러한 쟁점은 한걸음 더 나아가 부부가 지금까지 의식하지 못하거나 의식하고 있더라도 차마 말할 수 없었던 문제, 즉 숨겨진 욕구와 감정(hidden issues) 또한 건드리는 것이다. 예를 들어, 세금고지서를 받게 된 사건을 놓고 부부가 대화를 시작했는데 대화는 자녀가 공부를 잘하지 않는 문제로 비약된다. 그것은 또 부부간에 누가 집안을 통제하는 위치에 있는지, 얼마나 배려와 사랑을 받고 있다고 느끼는지, 자기의 가치감이 제대로 인정받고 있는지에 대한 본질적인 감정과 생각을 건드리게 된다. 이런 숨겨진 욕구와 동기의 문제를 근본적으로 다루지 않기 때문에 대화는 다람쥐 쳇바퀴 돌 듯이 제자리걸음을 하거나, 어떤 주제에 대한 논의를 회피하거나, 감정의 격화를 불러일으킬 수 있다.

그러므로 부부가 다루어야 할 사안은 그때그때 정규적으로 다루어야 하고, 안전감이 방해받지 않는 분위기에서 이야기하며, 중간 휴식시간(Time Out)을 갖도록 하는 것이 좋다. 개방적이고 안전하고 분명한 의사소통이 가능할 때 숨겨진 욕구의 문제는 가장

바람직한 부부간의 대화

배우자의 마음을 몰라주는 대화와 그 효과

배우자의 숨겨진 욕구를 파악해 주기와 그 효과

잘 처리될 수 있다.

기대를 분명하게 말하기

기대란 상대방 배우자나 가족원이 어떻게 역할하고 관계 맺고 행동해 줄 것인가와 관련된 신념이다. 그것은 다분히 자신의 어린 시절의 성장배경과 부모와의 관계 속에서 형성된 것들이다. 그런데 부부가 잡다한 집안일, 오락, 함께 시간 보내기, 독립성과 의존성 등의 문제에 대하여 서로 어떤 기대를 하고 있는지 확실하게 인식하지 못하거나, 명확하게 말하지 않으며, 비논리적인 기대를 갖게 될 때 많은 마찰과 좌절을 경험할 수 있다. 그러므로 배우자 간에 자신이 원하는 바를 인식하고, 분명하게 말하며, 합리적인 기대를 갖도록 서로 노력할 필요가 있다. 만족스러운 부부생활을 영위하려면 우리가 상대방에 대하여 기대하는 바를 말하되 존경심을 가지고 표현해야 한다. 또한 상대방의 이야기를 수용적이며 존중하는 태도로 경청해야 한다. 구체적으로는 '나–전달법'의 방식으로 말하는 것이다. 그리고 배우자에 대하여 자기가 싫어하는 것만 주로 말하지 말고 좋아하는 것과 긍정적인 면을 자주 말하도록 한다.

즐거운 시간을 공유하기

부부간에 즐거운 시간을 공유하는 것은 행복하고 건강한 결혼생활의 양념이다. 남녀 간에 연애하던 시절에 얼마나 많은 시간을 투자하여 함께 즐거운 시간을 가지며 끝없는 대화를 나누었던가 회상해 보라. 결혼 생활에서 그런 요소가 빠져나가게 되면 삶의 환희, 신선감과 사랑이 식고 활기를 잃게 된다. 그러므로 부부간의 관계를 증진시키기 위해서 다음의 두 가지 활동을 하도록 유념하라.

- 부부가 함께 즐길 수 있는 여가와 오락 활동을 찾아보고 재미있게 보내는 시간을 만든다.
- 부부가 오래된 친구처럼 대화하는 시간을 갖는다.

문제해결의 과정을 익히기

문제해결을 하기 위한 기본 규칙은 문제에 관한 토론 단계를 먼저 거치고 난 다음에 문제해결의 단계로 가는 것이다.

- 문제에 대한 토론 단계 – 이 단계에서는 '대화자 – 경청자 기술'을 사용하여, 부부가 한 팀으로서 문제를 풀어나가도록 한다.
- 문제해결의 단계 – 문제해결의 단계에서는 네 가지의 절차를 따른다.
  ① 의제(議題)의 결정: 한 번에 한 가지의 '문제'를 그때그때 다루도록 한다.
  ② 브레인스토밍: 문제해결 방안에 대하여 가능한 많은 대안

(代案)을 생각해 낸다.

③ 합의점에 이르기: 여러 가지 대안의 장단점에 대하여 논
의한 다음에 부부가 모두 '동의한' 대안을 근거로 하여 계
획을 짜도록 한다.

④ 실천에 따르는 사항: 부부가 선택한 해결방안을 어떻게,
언제까지 실천할지 등에 대하여 구체적으로 기록한다.

PREP에서는 이 밖에도 다정한 친구 같은 정(情)을 쌓아가기, 인
생철학, 낭만적인 관계와 성적 관계, 용서하기, 헌신하기의 영역
을 논의하고 전문 상담자가 부부간의 대화기술을 코치해 준다.

사 례

Q 저는 주간에는 직장에 근무하고 야간에는 대학교를 다니는 기혼 남성입니다. 아이가 둘이 되면서부터 아내는 다니던 직장을 그만두고 집에 있습니다. 경제적으로 저희는 별로 여유가 없는 편입니다. 두 아이에게 하루 종일 시달리는 아내는 제가 귀가하자마자 아이를 돌보아 달라, 이것저것 해 달라 하고 주말이면 함께 쇼핑을 하자고 합니다. 저는 기진해서 집에 돌아오기 때문에 집에 와서는 쉬고 싶습니다. 그리고 아이들하고 놀아 주게 되면 시험 준비나 리포트 준비를 제대로 할 시간이 부족하고 성적이 나쁘게 나올까 봐 불안하거든요. 어떻게 하면 요구 많고 불평 많은 아내를 잘 달래 줄 수 있을까요?

A 선생님께서 이 책에 소개된 대화기법을 사용하시면 아내와의 관계가 멋지게 개선될 것이라고 믿습니다. 그 순서

는 다음과 같습니다.

① 먼저 아내의 감정과 소망에 공감해 준다

"여보. 당신이 하루 종일 아이들과 씨름하느라고 고생이 많았지요? 그래서 저녁 시간에는 내가 당신 대신 아이들과 놀아 주면 당신은 숨을 돌리게 되고 아이들도 아빠하고 즐겁게 보내는 시간이 필요하다고 생각하는 것 아니요?"

② 다음에는 당신의 감정과 소망사항을 말해 준다

"나도 사실은 당신을 거들어 주고 싶고 아이들과 놀아 주고 싶어요. 그런데 문제는 시간과 에너지란 말이에요. 늦은 시각에 잔뜩 지친 상태로 귀가하면 나도 쉴 시간이 필요해요. 그래야 다음 날 직장에서 일을 잘할 수 있고 또 야간수업 받는 것도 지장이 없어요. 내 마음은 아이들하고 놀아 주고, 주말이면 당신과 쇼핑도 가고, 놀이동산도 가고 싶은데 그렇게 하다가는 수업 준비나 리포트도 제대로 작성할 여유가 안 나요. 그래서 성적이 나쁘게 나올 것 같아 불안하고 이대로 과로하다가는 내가 쓰러져 버릴 것 같아요. 나도 참 안타깝다니까."

③ 문제점을 명료화하고 해결적 대안을 함께 논의한다

"내가 학교를 마치는 데는 아직도 2년이 남았어요. 그 2년 동안 우리가 어떻게 직장생활과 공부와 건강을 유지하고 육아를 함께

하면서 서로 시간을 보낼 수 있는지 차분하게 생각해 봅시다. 우리 가정의 경제적 여건도 함께 생각하면서……, 먼저 당신은 나에게서 많은 도움을 기대하지 않고서 당신의 지친 몸과 스트레스를 풀 수 있는 방안을 한번 연구해 봐요. 그리고 나는 내 건강과 학교 공부를 위한 시간 안배를 어떻게 하고, 또 얼마의 시간을 당신이나 아이들과 함께 보내도록 안배할 수 있는지를 주간별, 월별로 작성해 봐야겠어요."

④ 여러 가지 대안 중에서 현실적으로 가능한 두어 가지의 대안을 선택하여 계획을 세우고 실천하도록 한다

당신 부부는 여러 가지 대안을 생각해 낸 다음에 2년간 일관성 있게 적용할 수 있는 생활방침과 부합되는 대안을 선택해야 합니다. 그러므로 아내는 2년 후에 직장에 복귀하여 돈을 벌고, 지금 당장은 생활비 지출에 너무 신경 쓰지 않도록 하는 것이 현명합니다.

실제로 이들 부부는 다음과 같이 합의하여 만족스럽게 이 문제를 해결하였습니다. 경제적인 여유가 없지만 앞으로 2년간은 필요한 경비지출을 하기로 결정할 수 있습니다. 그래서 아내는 일주일에 두세 번 정도 자녀를 어린이집과 친정어머님께 맡기고 자유가 허용된 그 시간을 취미나 자기 계발을 위한 시간으로 활용하여 육아로 인한 스트레스에서 해방되기로 하는 것이지요. 아내가 직장 일을 다시 시작할 때부터 저축생활하기로 정했기 때문에 남편

은 안심하고 주중에는 오직 직장일과 학교공부에 전념하는 것입니다. 그 대신에 주말의 한나절은 가족을 위한 봉사 시간으로 정할 수 있습니다.

Q 제 남편은 말이 없고 혼자 있는 시간은 책을 보고 지냅니다. 심지어는 침대맡에서도 책을 봅니다. 가족 간의 화목 활동이나 대화할 시간이 적어 늘 서운합니다. 저는 어린이집을 운영하기에 자모나 유아들과는 대화가 잘 됩니다. 남편과도 이야기를 해서 풀려고 하는데 감정이 상하면 남편은 더욱 더 입을 다물고 지냅니다. 성격을 바꿀 수는 없겠지만 조금이라도 가정적이고 다정한 남편으로 바꿀 수는 없을까요?

A 선생님의 남편은 가족의 애원하는 소리에 벽창호로 반응하는 것으로 보입니다. 가족과 정서적으로 유리된 채 마치 하숙생처럼 지내는 것에 익숙한 남편을 변화시키기는 참으로 어려운 과제입니다.

첫째, 인간의 성격이나 천성은 고치기가 어렵기 때문이지요. 둘째, 본인에게 자기성격과 가족관계를 개선해 보려고 하는 의지가 결여된 것으로 보입니다. 셋째, 남편은 불리한 상황에서는 말을 하지 않는 성격을 활용하여 자기의 이익을 추구하는 것 같습니다. 부부싸움을 할 때 아내가 따지는 말을 들어 보면 분명히 자기가 잘못한 것이 있고 자기 쪽에서 노력해야 할 부분이 많이 나타난다고 합시다. 이때 아내에게 대구를 하게 되면 남편은 자기의 잘못을 시인하게 되고 자기 쪽에서 어떤 보상이나 희생을 감수해야 하는 상황이 벌어질 것입니다. 그것은 가장으로서의 권위를 위협하는 일이고 자기에게 손해가 되므로 묵비권을 행사하면 이런 귀찮은 의무감에서 빠져나올 수 있고 또, 남편의 체면과 위엄을 지켜낼 수 있겠지요. 넷째, 이 남성은 어린 시절에 어쩌면 가정에서 친밀한 관계와 사랑받은 경험을 하지 못하고 거부감과 배척 속에 성장하였는지도 모릅니다. 그러므로 사람들이 두렵고 누구와 친밀해진다는 것 자체가 두려워서 인간관계를 회피하는 방식이 고착되어 있지 않을까요? 혹시 남편은 아버지 없이 자랐거나 아버지나 할아버지가 계시기는 하였지만 실제적으로는 멀리 떨어져 교류가 적었고 몹시 엄하여 거의 대화가 단절된 상태로 지냈을지도 모릅니다. 다섯째, 당신은 과묵한 남편과 여러 차례 대화해 보려고 시도하다가 남편이 협조하지 않을 때면 남편을 비난하고 끝내는 대화하기를 단념하지 않았나요? 당신은 언어 구사력과 논리적으로 따지는 능력이 뛰어나서 남편은 말로는 당신을 도저히 이길 수 없다고 생각하고 사는지도 모릅니다. 당신은 어린이집 원장이기에 평소에 유아와 학부모들에게 논리적으로 설명하며 지도하는 습관이 배어 있을 가능성이 높습니다. 그런데 대부분의 남편은 길게 논리적으로 따지는 아내의 말을 듣기 싫어합니다. 짧게 요점만 말하고 솔직한 감정 표현을 해 주는 아내를 선호하지요.

이상과 같은 여러 가지 이유 때문에 이 문제를 풀어 나가기는 결코 용이하지 않지만 다음과 같은 방식으로 당신과 자녀가 노력한다면 많은 변화가 나타날 수 있습니다.

① 남편에게 '대화해 달라.'거나 '성격을 바꾸어 보라.'고 요구하지 않는다.

'성격을 바꾸라'거나 '대화하자'는 요구는 남편에게 막중한 부담감을 주기 때문에 남편은 그런 요청을 무시하고 회피할 가능성이 많습니다. 그리고 이와 같은 요청은 매우 추상적이어서 남편은 자기의 성격을 바꾸고 대화를 하려면 무엇을 해야 하는지에 대하여 잘 알지 못하고 있습니다.

② 과거에 사용했던 대화방식을 바꾸어 새로운 접근을 시도하도록 한다.

남편을 설득하고 따지려고 하지 말고, 그 대신에 긍정적인 표현을 사용하여 남편을 격려하고 또 남편이 좋아하는 일을 중심으로 하여 남편이 가사나 아이들과 함께 시간 보내는 일에 협조해 주기를 부탁하는 것입니다.

그 방법은 대략 다음과 같습니다.

"여보. 당신은 책을 읽으면 참 재미있는가 봐요. 세상 가는 것도 모르고 독서삼매경에 빠져 있네요. 우리 아이들에게도 당신과 같은 독서습관을 길러 주어야 할 것 같아요. 당신이 일주일에 한 시간만 아이들 독서지도를 해 주면 어때요? 아이들이 읽은 책에 대한 독후감을 토요일 저녁에 지도해 주는 거예요. 그리고 당신이 읽은 책 내용 중에서 좋은 대목 같은 것을 저에게도 토요일 저녁 식사 시간에 몇 분만 들려 주세요. 그러면 저도 당신 덕분에 유식 해지고 또 당신하고 유익한 대화를 나누게 되어 기분이 좋을 것 같아요."

그래서 남편에게 협조하겠다는 다짐을 받아내도록 하며 아이들 이 읽을 책을 남편과 자녀가 함께 고르도록 하십시오.

또 남편은 자녀와 함께 놀아 주고 싶은 마음이 없다기보다는 아 이들과 함께 노는 방법을 잘 알지 못하는 사람일 것입니다. 그러 므로 남편 쪽에서 쉽게 자녀와 같이 노는 기회를 만들어 줌으로 써 아빠가 점수를 딸 수 있도록 해 주는 것이 좋습니다. 가령, 한 달에 한 번은 가족이 함께 등산을 가도록 하고 등산 가서 먹을 간 식거리 등을 남편과 자녀가 함께 쇼핑해 달라고 부탁할 수 있습 니다. 또 방학 중에 하루 이틀 정도는 자녀들과 캠핑을 가도록 계 획을 짜고 텐트 치기, 음식 준비와 취사를 남편이 진두지휘하도록 일임하십시오. 당신은 그런 임무에서 빠져나오세요. 그리고 서투 르나마 남편이 조금씩 가족화목활동에 협조해 줄 때마다 당신은 칭찬과 격려를 보내고 아이들은 아빠에게 감사와 즐거움을 표시 하면 남편도 기뻐할 것입니다.

③ 부부싸움이 있을 때 남편이 묵비권을 행사하게 되면 말 대신에 글을 써서 남편과 대화해 볼 수 있다.

가령, "여보. 우리가 싸운 건 ……때문인데 나의 속마음은 그게 아니에요. 당신도 속으로는 나에 대해서 좋게 생각하는 면이 있으리라고 믿어요. 직접 나에게 말씀해 주기가 힘들면 글을 써서 나에게 보내 주세요. 기다릴게요."

그리고 장기간 묵비권을 사용했을 때의 해로운 영향력을 글로써 환기시킬 수도 있습니다.

"우리가 말을 하지 않고 남남처럼 지낸 지 열흘, 그 열흘 동안 매일 24시간을 속상하고 화나고 미워하는 감정으로 지내면 그 동안 좋았던 우리의 감정이 다 깨져 버려요. 그건 너무 손해나는 일이 아닐까요? 하루 이틀 지나고 서로 말을 하면 과거에 좋았던 감정이 아직도 남아 있을 텐데……. 이런 식으로 80세, 90세까지 산 다음에 우리가 후회할지, 잘했다고 할지를 한번 생각해 보고 싶어요. 부부간에 자존심을 버립시다. 여보, 당신은 나보다 마음이 크고 너그러운 사람이니까 자존심을 내버려요. 저도 내버릴게요."

그리고 나서 당신이 먼저 시선을 맞추고 미소와 어루만짐의 신체언어를 남편에게 보내면서 남편더러 자기에게 똑같은 신체언어로 표현해 달라고 부탁할 수 있습니다.

Q 저는 40대 초반의 남자입니다. 저도 말이 없고 아내도 말이 없
는 성격이고 아이들도 조용한 편입니다. 문제는 아내가 저와의
잠자리를 점점 기피하는 것입니다. 부부관계를 맺게 되면 아프다고 하
고 샐쭉하게 토라집니다. 결혼 전에야 다들 그러하듯이 상업적 여자들
과 다소간 관계를 가졌고 연애한 경험은 없는데 아내는 저에게 불만이
많습니다. 너무 거칠게 대한다고 그래요. 저희 부부는 교회에 함께 나
가고 있지만 종교생활이 부부관계를 개선시켜 주는 데는 도움이 되는
것 같지도 않습니다. 그렇다고 우리 부부의 신체에 큰 이상이 있어서
병원에 찾아갈 성격도 아닙니다. 좋은 방법이 없을까요?

A 한국인들 중에서 성적인 대화를 터놓고 나누는 부부는 그
리 많지 않다고 봅니다. 남편과 아내가 모두 말이 없는 성
격의 소유자이기에 성적인 대화를 나누기가 더욱 쑥스럽고 힘들
것입니다. 게다가 한국 남성들은 여성을 부드럽게 다루는 법에 대
하여 교육받은 적이 없습니다.

제대로 된 성지식과 성교육이 없이 결혼생활을 하게 되면 어떤
결과를 가져올까요? 남성은 과거에 상업적 여자와 성관계를 맺은
방식을 그대로 아내에게 적용하기 쉽습니다. 그러니까 사랑하는 아
내가 자기와 성관계를 할 만큼 충분히 몸과 마음이 준비되었는지
를 살펴보지 않고서 곧바로 성교로 들어가게 될 것입니다. 단도직
입적인 성행위는 여성에게 통증을 가져다주고 그런 성관계가 지

속되다 보면 혐오감과 환멸감으로 남편과의 잠자리를 기피하게 되어 있습니다. 따라서 남편이 해야 할 일은 먼저 낭만적인 무드를 연출하여 아내의 마음을 성행동의 방향으로 초대하는 것입니다.

남자는 시각에 예민하지만 여자는 청각과 촉감에 더 예민합니다. 그러므로 아내에게 부드러운 사랑의 말로써 기분을 살려 주도록 해야 하겠지요. 콧노래도 흥얼거리고요. 만약에 말주변이 없다면 인터넷을 이용하여 아름다운 사랑의 시를 다운받고 인쇄하여 가끔씩 아내에게 읽어 줄 수 있을 것입니다. 그리고 비언어적인 방법으로 대화를 시작할 수 있습니다. 다시 말해서 아내의 몸을 부드럽게 어루만져 주는 신체언어가 곧 대화입니다. 아내가 신체적으로 이완되도록 애무해 주는 것, 즉 전희(前戱)의 시간을 충분히 가진 다음에 성관계를 가져야 합니다. 이 장에서 설명한 카플란(Kaplan)의 3단계를 숙지하면 좋은 성과가 있을 것입니다.

만족스러운 애정생활은 두 사람이 함께 노력함으로써 지켜낼 수 있습니다. 그런 의미에서 부인 쪽에서도 선생님과 협력하여 성문제를 진지하게, 열심히 다루어 나가도록 적극적인 태도를 취해야 된다고 봅니다.

의학적인 관점에서 어떤 여성들은 생식기 주변의 특정 부위가 남편이 성관계상 마찰을 하게 될 때 통증을 느끼도록 되어 있다고 합니다. 부인과나 성클리닉에 함께 가서 전문적인 도움을 받는 것도 유익하다고 생각됩니다.

그리고 혹시 부인은 지금까지 남에게 말할 수 없었거나, 자기

　　　　　　　바람직한 부부간의 대화

자신도 의식하지 못하는 심리적 상처가 있어서 부부관계를 무의식적으로 회피하는지도 모릅니다. 어떤 여성은 남편이 자신의 몸에 손을 대면 자기도 모르는 사이에 깜짝 놀라 밀어내는 반응을 하여 부부간의 마찰이 심했습니다. 전문적인 심리상담을 받고 나서야 부인은 어린 시절에 이웃집 아저씨가 자기에게 성희롱했던 사건을 회상해 냈고 사춘기가 되면서부터 막연하게나마 그 일이 나쁜 짓이고 자기도 나쁜 짓에 가담했다는 죄책감으로 괴로워한 적이 있었다는 것을 깨닫게 되었습니다. 이러한 사실을 확인하고, 마음으로 정리하고, 남편에게 협조해 달라고 부탁하고 나서야 그들의 애정생활은 비로소 꽃피우게 되었다고 합니다.

우리가 잘 알다시피 모든 인간은 불완전하며 무수한 시행착오와 과오를 범하면서 성장하고 발전하게 되어 있습니다. 어린아이가 수없이 넘어지는 것을 반복한 끝에 걷고 달리게 되고, 아동기에는 남의 물건을 훔치고, 때리고, 거짓말을 하고, 또 자신도 남에게 얻어맞고 빼앗기면서 그 속에서 양심과 정의와 도덕성과 인격의 완성에 대한 개념을 익히고 성숙하게 되는 것입니다. 저는 물론, 선생님께서도 예외가 아니지요. 그런데 자기가 과거에 깊은 생각 없이 범한 실수나, 남에게서 상처 입은 사건에 마음이 사로잡혀 죄의식과 수치심으로 일생을 괴로워하는 것은 참으로 어리석은 것인 줄을 잘 알면서도, 그 속에서 빠져 나오지 못하고 사는 사람들이 너무도 많습니다. 혹시라도 부인에게 그러한 아픔이 있을지도 모릅니다. 선생님은 사랑과 이해와 관용으로 부인의 고통에 동참할 수 있다고 봅니다.

"여보, 당신도 모르는 어떤 생각과 자의식 또는 죄책감이 성생활과 관련되어 되살아나는지도 모르겠어요. 어쩐지 내게 그런 생각이 들거든요. 우리 모두는 불완전하고 실수하기 마련인 인간이에요. 나 역시 당신에게 일일이 말은 하지 않았지만 실수투성이의 인간이지요. 그러니까 당신이 전문가를 찾아가 심리상담을 받아 보도록 해요. 우리 부부의 행복을 위해서 부탁해요. 당신이 편하고 행복해야 나도 행복하지 않겠소?" 이렇게 권해 보세요. 부인은 선생님의 격려에 감격하고 고마워할 것입니다.

참고로 미국에서 유명한 토크쇼의 여왕인 오프라 윈프리의 사례를 소개하겠습니다. 그녀는 사생아였고 9세에 강간당하였고 14세에 미혼모가 되었으며 마약 중독자였습니다. 그러나 그녀는 과감하게 자신의 불행했던 과거를 떨치고 일어나 오늘의 위치에 이르렀습니다. 많은 사람이 그녀의 어두웠던 과거를 들먹일 때마다 그녀는 "그래서 어쨌다는 거예요?"라고 쏘아 붙이며, 평온하고 자신만만하게 나온다고 합니다. 과거는 영원한 과거로 돌리고 오늘을 행복하게 살기로 우리는 선택할 수 있습니다. 실수는 성장과 성숙을 위하여 존재하는 것이지 정죄(定罪)의 조건이 아닙니다. 혹시나 하는 노파심으로 이런 내용을 덧붙입니다. 부디 행복하세요.

바람직한 부부간의 대화

자녀지도를 위한
대화기법

부모역할(parenting)은 우리의 자녀들이 그들이 살고 있는 사회 안에서 생존하고 번영하도록 보호하고 준비해 주는 것을 목적으로 한다. 이 목적은 세월이 흘러도 변하지 않으며 현대 사회에서는 더욱 중요한 과제가 되고 있다.

오늘날의 청소년들은 과거보다 훨씬 더 많은 문제를 안고 있다. 약물중독, 학교폭력, 섹스문제 등의 위험한 상황에서 부모는 자녀를 보호해 주어야 한다. 그러나 우리의 아이들이 과잉보호된다면 미래에 살아남지 못할 것이다. 자녀를 양육한다는 것은 자녀들이 자기의 앞길을 헤쳐 나갈 수 있는 인간, 곧 독립적인 인간이 되도록 준비해 주는 것이다.

현대는 국제화 시대요, 민주적인 평등과 개성이 구가되는 시대다. 많은 국가가 민주적인 사회를 지향하고 있으며 한국 사회도 민주주의를 표방하고 있다. 따라서 우리의 귀중한 자녀가 세계 속의 자랑스러운 한국인이 되기 위해서는 가정에서부터 민주적인 생활에 익숙해져야 하겠다.

　오늘날 한국 사회에는 자녀지도의 기술을 가르치는 부모교육 프로그램들이 상당히 많이 보급되고 있다. 그러므로 이 장에서는 부모역할에 대한 자세한 설명은 생략하고, 자녀지도와 관련된 내용만 간략하게 소개하기로 한다.

지구촌 시대,
부모의 리더십

21세기의 지구촌 시대를 살아가는 현대인들은 가정의 형태와 생활양식도 변하였고 부모의 전통적인 역할과 자녀지도의 방식도 변하였다. 특히 요즈음 한국 가정에서 두드러지게 나타나고 있는 추세는 저출산으로 인한 자녀 수의 급격한 감소 현상이다. 그리하여 친가, 외가의 조부모와 엄마, 아빠, 고모, 이모 등 여섯 명 이상이 한 아이를 바라보며 애정의 쟁탈전을 벌이고 있는 현실에서 아이는 불가피하게 왕자나 공주가 될 수밖에 없다. 필연적으로 부모는 자녀를 과잉보호하게 되고 지나친 기대로 인한 간섭과 요구가 늘어난다.

십대가 되면서 자녀는 이에 반항하여 거역하기 마련이고 그 결과 부모-자녀 간에 빚어지는 마찰은 자녀의 건전한 인성발달과 자기실현을 저해하는 결과를 창출한다. 다시 말해서 최선을 다한 부모 역할이 아이러니컬하게도 최소의 효과와 최악의 결과를 낳을 수 있다는 것이다. 게다가 현대 사회는 지구촌 시대다. 서너 시간 안에 여러 인종과 곧바로 친밀해지고 질적으로 풍요한 인간관계를 맺을 수 있는 자질이 요청된다. 다시 말해서 친구를 쉽게 사귀고 서로 존중하며, 갈등을 현명하게 조절하는 설득력과 창의적 지도력이 요구되는 것이다.

현대를 살아가는 부모는 이러한 시대적 특징과 미래 사회를 전망하면서 양육 태도 면에서도 리더십을 발휘해야 한다. 그것은 구체적으로 부모가 적극적이고 민주적인 부모 역할을 수행하는 것에서 나타날 수 있다.

이제 부모 리더십의 유형을 살펴보고 그 유형이 자녀지도 면에서 얼마나 효율적인지를 알아보기로 한다.

전제적 부모

전제적인 부모는 독재자처럼 자녀지도에 임한다. 자녀들이 무엇을 해야 할지, 어떻게 해야 할지, 언제 해야 할지를 명령하고 지시한다. 자녀들은 의문을 제기하거나 도전하거나 의견에 반대할 여지가 없다. 자녀가 해야 할 일을 잘하면 부모에게서 보상을 받고 그렇지 못하면 처벌을 받을 따름이다. 전제적 양육방법은 인간의 불평등이 일반화되었던 시대에는 상당히 설득력이 있었으나 오늘날과 같은 평등의 시대에는 별 효력이 없다. 전제적인 가정에서 자란 아이들은 진취적이지 못한 경향이 많다. 그들은 기가 죽어 있고 스스로 포기하거나 부모의 말에 자주 반항한다. 이러한 반항은 보통 10대에 일어난다.

또한 전제적인 부모는 엄한 벌을 주거나 크게 화를 내고 책망하며 설교식으로 따지거나 끝없이 잔소리한다. 이런 지도방식은 다분히 공격적인 대처방식으로 부모가 자신의 분노감정을 이용하여 자녀를 통제하는 데 익숙한 지도법이라고 볼 수 있다.

자유방임적 부모

자유방임적인 부모는 고압적이고 전제적인 지도방식에 강력하게 반대하는 이들이다. 이러한 부모는 자녀들이 하고 싶은 일을 맘대로 하도록 허용한다. 그러한 가정에서는 질서와 규율이 무시된 채 무제한의 자유가 허용된다. 이러한 부모들은 자녀의 심부름꾼처럼 행동하면서 자녀들이 부모를 유린하도록 방임한다. 가족의 규칙이나 자녀지도의 원칙에 일관성이 없고 자녀를 거의 방임하는 식으로 지도하게 되면 자녀는 가정에 대한 소속감을 잘 느끼지 못한다. 또 가족과 협동하여 생활하는 법을 배우지 못했기에 함께 생활하기가 어려울 때가 많다. 사회생활에 필요한 질서의식과 예의 등을 습득하지 못한 젊은이들은 자기신뢰와 자신감이 결여될 가능성이 많다.

허용적으로, 곧 자유방임적으로 임하는 부모는 애원하고 아이를 화나게 할까 봐 겁을 내며 안절부절못하고 자기확신이 없다. 그리고 아이가 잘못되면 자신을 탓하며 남에게 아이의 행동이 알려질까 봐 두려워하고 감춘다. 그리고 어른인 부모가 미숙한 자녀에게 끌려다니며 비주장적으로 임하는 것이다. 부모가 리더십을 행사하지 못한다고 볼 수 있다.

민주적인 부모

민주적인 부모는 어떤 점에서는 전제적 부모와 자유방임적 부모의 중간쯤이라고 말할 수 있으나 그 이상의 의미를 함축하고 있다. 민주적인 부모의 가정에서는 '자유'가 이상적으로 추구되며, 타인의 권리와 개인의 책임도 똑같이 추구해야 할 덕목으로 강조된다. 부모는 협동심을 길러 주고 학습을 자극하는 지도자다. 민주적 가정에서는 질서가 있고 세심한 관심도 있다. 개개인이 다 중요한 구성원으로서 인정을 받는다. 가정에서 적극적인 리더십을 발휘하는 부모는 다음의 두 가지 측면에서 민주주의의 유산인 사회적 평등의 개념을 인식한다.

- 부모가 자녀를 훈육할 때도 자녀의 인간적 존엄성을 인정하면서 대해 준다.
- 자녀는 부모에게 자신의 생각과 감정을 표현할 수 있는 권리가 있다는 것을 인정해 준다. 그리하여 자신의 삶에서 중대한 결정을 내려야 할 때 자녀 스스로가 영향력을 발휘할 수 있는 권리를 어느 정도 허용해 준다. 이것은 민주주의 국가에서의 삶과 일치하는 정신이다. 그것은 자녀의 나이가 증가함에 따라 주어진 한계 안에서 점점 자유를 더 많이 허용하

는 지도방식으로 나타난다.

민주적인 부모가 자녀를 지도하는 방식은 다음과 같다.

자녀에게 원하는 바를 분명하게 말해 준다. 일관성이 있고 정중한 태도와 말로써 하며 감정표현이 솔직하고 언행이 일치하여 나타난다. 이러한 지도방식은 부모가 주도권을 가지고 의연하게 자녀를 대하되 사랑과 배려로 대하며 포용적으로 문제를 해결하는 태도다.

가족 내에서 부모와 자녀는 인간적 존엄성의 면에서는 평등하지만 가장 큰 차이점은 그들의 역할이 다르다는 것이다. 부모는 리더의 역할을 하는 반면에 자녀는 학습자의 역할을 더 많이 하게 된다. 부모는 가족 내에서 권위를 지니고 있다. 자기의 자녀를 어떤 방식으로 지도할지를 결정하는 것도 부모의 권위에 해당한다. 그러므로 민주적인 가정에서 부모는 자녀보다 더 많은 권위와 존경이 주어지며, 그에 비례해서 더 많은 책임도 감당한다.

이 점을 감안하면서 민주적인 부모는 아이들에게 자기의 의사를 자유롭게 표현할 수 있는 기회를 주고, 또 어떤 문제가 발생하면 대화와 토론과 회의를 통하여 가족 간에 합의한 결정을 도출하도록 인도한다.

부모로서 당신의 대화 형태와 양육태도가 어떠한지를 알아보기 위하여 다음의 검사(척도)를 활용해 보기 바란다.

[부모 – 십대 자녀 간 의사소통 검사]

이 검사는 바네스와 올센(Barnes & Olsen)의 검사를 민혜영(1991)

이 번역한 것이다(고려옥, 2005 재인용).

※ 다음 빈칸에 점수를 써 넣으시오.

항상 그렇다 1점	대체로 그렇다 2점	보통이다 3점	대체로 그렇지 않다 4점	전혀 그렇지 않다 5점

	문 항	어머니	아버지
1	나는 주저함 없이 부모님께 내 주장을 이야기한다.		
2	나는 때때로 부모님께서 나에게 말씀하시는 모든 것을 믿지 못할 때가 있다.		
3	부모님은 항상 나의 말에 귀 기울여 주신다.		
4	나는 때때로 내가 원하는 것을 부모님께 요구하기가 두렵다.		
5	부모님은 내게 말씀하시지 않아도 될 것을 말씀하시는 경향이 있다.		
6	부모님은 나에게 묻지 않고도 내 느낌이 어떤가를 아신다.		
7	나는 부모님과 대화하는 방식에 매우 만족한다.		
8	나에게 문제가 생긴다면 나는 부모님께 말씀드릴 수 있다.		
9	나는 부모님께 숨김없이 애정을 표시한다.		
10	부모님과 나 사이에 문제가 생겼을 때 나는 종종 부모님께 침묵을 지킨다.		
11	부모님과 대화할 때 나는 말하지 않아도 될 것을 이야기하는 경향이 있다.		

12	나의 질문에 대해 부모님은 정직하게 대답해 주신다.		
13	부모님은 나의 입장을 이해하려고 노력하신다.		
14	부모님께 함께 문제를 의논하기가 쉽다.		
15	나는 부모님의 잔소리 때문에 귀찮다.		
16	나는 부모님과 여러 가지 문제에 관해 의논을 잘한다.		
17	부모님은 나에게 화가 나시면 모욕(욕설/경멸하는 태도)을 주신다.		
18	나의 느낌을 부모님에게 솔직하게 잘 털어놓는다.		
19	무슨 일에 대한 나의 진심을 부모님께 그대로 말씀드릴 수 없다.		
총 점			

※ 해석방법: 이 검사는 부모-자녀 간에 개방적 의사소통을 하고 있는지 또는 폐
쇄적 의사소통을 하고 있는지를 보여 주는 것이다. 개방적 의사소통은 부모-자
녀 간에 기능적이고 긍정적인 상호작용을 보여 준다. 폐쇄적인 의사소통은 대화
가 단절된 형태로 교류하고 있음을 보여 준다. 당신과 아버지와의 관계, 어머니
와의 관계에서 나타나는 특성을 알아보자.
  • 개방적 의사소통 문항: 1, 3, 6, 7, 8, 9, 13, 14, 16, 17
  • 폐쇄적 의사소통 문항: 2, 4, 5, 10, 11, 12, 15, 18, 19, 20
  • 개방적 의사소통의 영역에서 10개 문항의 총점이 높을수록 대화가 단절되어
    있다고 해석된다.
  • 폐쇄적 의사소통의 영역에서 10개 문항의 총점이 높을수록 개방적이고 긍정
    적인 형태로 교류하고 있다고 해석된다.

[부모의 리더십(양육태도) 유형 검사]

다음 문항은 자녀양육태도와 의사소통에 관한 여러 가지 검사 내용 중에서 저자가 임의로 추출한 것들이다.

※ 다음 문항을 읽고 자신에 해당된다고 생각되는 란에 ○표 하시오.

전혀 그렇지 않다 1점	비교적 그렇지 않다 2점	간혹 그렇다 3점	자주 그렇다 4점	거의 항상 그렇다 5점		

문 항	1	2	3	4	5
1 자녀가 자기 마음대로 친구를 사귀지 못하게 간섭한다. 그리고 집 밖에 나가서 놀지 못하게 한다.					
2 자녀가 시간을 계획하여 잘 사용하는지 살피고 감독한다.					
3 공부시간, TV 시청 시간 등을 정하고 지키는 것을 자녀 스스로에게 맡긴다.					
4 자녀가 용돈을 어떻게 쓰는지 알려 하지 않는다. 용돈의 양을 정하지 않고 주고 자녀가 모자란다고 하면 더 준다.					
5 자녀에게 '하라'는 말보다 '하지 마라'는 지시를 더 많이 한다.					
6 시간을 내어 자녀들과 놀아 주고 장난도 친다.					
7 어떤 친구와 어디서 노는지 알려 하지 않고 잘 모르고 있다.					
8 자녀가 부모의 말을 듣지 않을 때는 크게 꾸중하거나 한대 쥐어박는다(또는 처벌한다).					
9 부부싸움 등으로 화가 날 때는 자녀에게 화풀이를 한다.					

10	자녀가 요구하는 것을 거절할 때는 그 이유를 설명한다.					
11	자녀가 칭얼대고 떼를 쓰면 요구대로 들어준다.					
12	자녀와의 약속을 곧잘 잊어버리고 들어주지 않는다.					
13	자녀에게 엄격하고 완고하게 대한다.					
14	자녀를 훌륭한 사람으로 만들기 위해서 부모는 어떠한 희생도 마다하지 않고 힘써 감수한다.					
15	자녀가 어려운 일을 해내면 칭찬해 준다.					

※ 해석방법: 부모의 자녀지도 유형 중에서 바람직한 유형은 민주형이다. 당신의 지도 유형의 특성은 어떤 것인가? 1, 5, 8, 9, 13은 전제형이고, 2, 3, 6, 10, 15는 민주형이며, 4, 7, 11, 12, 14는 방임형이다. 이 세 영역의 합산점을 비교하면 자신의 지도유형을 발견할 수 있을 것이다.

자녀지도를 위한 대화기법

자녀지도에서
강조되어야 할 덕목

그렇다면 부모는 21세기의 민주적인 지구촌 사회에서 우리의 자녀가 생존하고 번영을 구가할 수 있게 하려면 어떤 덕목들을 키워 주어야 할까?

자녀의 개성발견과 자기실현

부모는 자녀의 개성과 능력을 최대한 신장시킴으로써 개인적으로 행복하고 사회적으로 기여하는 인간으로 육성해야 할 의무를 지니고 있다. 그것은 지·덕·체(智德體)의 조화로운 발달이 이루어지도록 자녀의 지능계발과 인격도야와 건강한 신체를 길러 주는 일에 전력하는 것이다. 그리고 자율적 생활습관과 인생의 목표의식을 심어 주는 것이 매우 중요하다.

우리 아이는 씨앗이다. 씨앗 속에 숨겨진 개성, 적성, 능력은 제각기 다르다. 그것을 발견하여 꽃피우게 하는 사람은 부모다. 행

여나 우리 사회의 부모들은 자녀를 몰개성적으로 키우고 있지는 않는가? 또 탐구하고 발전하는 데 무궁한 스릴과 재미를 느끼기보다는 지치고 포기하도록 몰고 가는 것은 아닌가? 이러한 점을 반성해 보아야 할 것이다.

아이가 어려서부터 잠재능력과 적성을 계발시켜 자신감 있게 살 수 있도록 직업과 진로 준비에 만전을 기하기 위해서 부모가 자녀에게 호기심과 창의성을 자극하고 흥미를 유발시키는 것은 매우 중요하다.

감성지능과 리더십의 개발

자녀의 지능계발 못지않게 성공적인 인생을 사는 데 기본이 되는 가치관(인생관)과 생활방식을 채택하도록 도와주고 습관화시켜 주는 일이 대단히 중요하다.

지금까지 한국에서 성공하는 사람들은 IQ가 뛰어나고 공부를 아주 잘하는 사람들이라고 믿고 있다. 그런데 이런 사람들이 성공하는 것은 전체 인구 중 20%에 불과하다는 것이다. 성공인의 대다수, 곧 80%는 실력이 다소 떨어지더라도 인간성이 제대로 되어 있는 사람이라는 사실이 많은 연구에서 증명되었다.

'감성지능(EQ)'이란 개념을 소개한 골만(Goleman)은 개인의 정의적 발달이 행복하고 성공적인 삶을 결정짓는 중요한 요인이 된다고 주장한다. 사회에서 성공한 사람 중에 많은 이들은 뛰어난 지적 능력 때문이라기보다는 자신과 타인의 감정에 민감하게 대응하는 능력, 지구력, 낙천적 자세와 창의적 아이디어를 갖추고 있는 사람들이었다. 이들은 이성적인 두뇌보다 감성적인 두뇌의 작용이 더 뛰어난 사람들이다.

감성지능이란 대인관계의 상호작용에서 보이는 지능이다. 구체적으로는 ① 자기감정의 인식 능력, ② 자기감정의 표현과 통제 능력, ③ 의사소통 능력, ④ 문제해결 능력, ⑤ 잠재력을 신장하는 능력으로 나타나 있다.

오늘날에 와서 지능이란 지적 능력과 정서적, 사회적 능력을 합친 개념으로 이해되면서 지능에 대한 전통적인 개념이 수정되기에 이르렀다. 진정한 의미에서 지능이란 언어, 수리, 논리성, 기억력 등의 지적 능력 이외에 창의력, 조직력, 참여도, 동기와 같은 심리적 특질이 모두 포함된다는 것이다. 그러므로 자녀를 양육할 때는 가슴이 얼마나 넓은 인간이고 얼마나 멋진 인격자인가에 관심을 가지고 지도해야 한다.

부모는 자녀를 양육할 때 '공부하라'고만 강조할 것이 아니라 자신의 감정을 통제하고 조절하여 생활을 효율적으로 관리할 수 있는 자기관리의 능력을 길러 주어야 한다. 그리고 대인관계의 문제를 잘 처리할 수 있는 리더십도 배양해 주어야 한다.

리더십은 협동심과 책임감을 요구한다. 그러므로 우리의 자녀가 협동심, 책임감, 용기와 자존감, 올바로 사고하는 습관을 체득하도록 양육하는 것이 부모된 도리다. 제아무리 명석하고 천재적인 능력과 뛰어난 업적을 이루어 놓은 사람이라 할지라도 그가 인격적인 면에서 결함이 있을 때 사람들은 그를 존경하지도 신임하지도 않는다는 것을 우리는 잘 알고 있다. 사람들에게 감동을 주고 영원히 기억되는 지도자는 고결한 품성의 인격자다. 한국의 부모들은 자녀교육에서 특별히 인격적인 리더십의 배양에 유념해야 한다.

용기와 자존감

부모는 장차 도래할 미지의 세계에서 굳건하게 자기의 앞길을 헤쳐 나갈 수 있는 용기를 가지도록 자녀를 지도해야 한다. 부모는 자녀가 잘못한 것을 지적하고 질책하기보다는 '앞으로 잘할 수 있을 것이다.'라는 희망을 고취시키며 격려하고 기다려 주는 것이다. 그것은 아이에게 용기를 심어 주고 자존감을 갖도록 지도함으로써 이루어질 수 있다. 자존감은 우리 안에 있는 신념에서 비롯된다. 즉, 우리는 능력 있고 사랑스러운 인간으로 성공하게 될 것이라는 신념에서 온다. 이러한 신념은 우리 자신을 귀하게 여기는 것으로서 '자기존중감'이라고 불린다. 우리 자신에 대해 좋게 생각하고 성공할 수 있는 좋은 기회를 가졌다고 생각할 때 우리는 위험을 감수할 용기를 지니게 된다. 훌륭한 지도자는 긍정적인 신념과 자신감이 있기 때문에 어떤 문제 상황에 봉착하더라도 유연하게 대처해 나간다. 훌륭한 지도자가 지배성이 강하지만 보수적이지 않고 사람들을 이끄는 능력이 뛰어난 것은 그러한 긍정성 내지 낙관주의와 자존감 때문이다. 이러한 특성을 길러 주기 위하여 부모는 자녀에게 용기를 심어 주어야 한다. 용기란 '두려워하지 않는다'는 의미가 아니다. 용기란 두려움이 있음에도 불구하고 자신이 세운 목표를 성취하기 위해서 어느 정도는 그 위험을 감수하려고 하는 마음가짐이다.

사고하는 습관과 문제해결 능력의 신장

부모는 자녀에게 어떤 문제가 발생하였을 때 곧바로 그 사건 속에 뛰어들어 문제를 해결해 주고 싶어 한다. 아이의 눈에는 해결하기 힘든 문제가 부모의 눈으로 바라보자면 '식은 죽 먹기'같이 보이기 때문에 부모는 아이가 애써 씨름하는 것을 지켜보려고 하지 않는다.

그러나 부모가 자녀의 문제를 직접 해결해 주면 어떤 결과가 나타날까? 그 당시에 문제가 곧바로 해결되면 자녀는 안심하고 행복할지 모른다. 그렇지만 자녀는 일생 동안 크든 작든 간에 끊임없이 새로운 문제에 봉착하게 되고 그때마다 자기의 힘으로 해결하며 살아가야 한다. 그러므로 유아기 때부터 일상생활 중에 아이에게 어떤 문제나 애로점이 발생했을 때 자녀가 직접 그 상황을 헤쳐 나가도록 기회를 주어야 한다. 아이에게 생각할 기회를 주고, 그 상황에서 어떤 감정을 느꼈고, 무엇이 문제점이었는가를 인식하게 하는 것이다. 그리고 어떤 해결적 대안을 취할 수 있는가를 자녀 스스로 생각해 보도록 하고 각각의 대안이 어떠한 결과를 가져올 것인가에 대해서도 미리 생각해 보도록 하자.

자녀와의
의사소통

    적극적 부모역할훈련의 이론적 선구자인 드라이쿨스(Dreikurs)에 의하면 청소년들은 접촉(소속감), 힘(능력), 보호(안전), 물러서기(자기의 세계), 도전(노력)의 다섯 가지 기본적인 심리적 욕구를 충족하려고 한다.

    특별히 십대(十代)는 신체적으로, 감정적으로, 심리적으로, 지적으로, 사회적으로, 빠른 속도로 변하고 있다. 그러한 변화와 적응의 과정 속에서 자기의 정체성(identity)을 찾으려는 욕구가 강렬하기 때문에 자기만의 세계와 자유를 추구하고 고유한 개성과 독자성을 가지고 인생을 설계하려고 탐색한다. 그렇기에 부모나 교사가 지시, 명령, 충고, 간섭, 통제하게 되면 강하게 반발하고 반항한다. 따라서 청소년을 다룰 때 특별히 유념할 점은 그들의 독자성과 인격적 존엄성은 인정해 주고 존중해 주어야 한다는 점이다.

    적극적 부모역할훈련에서는 이 세상에 착한 아이나 나쁜 아이가 따로 있는 것이 아니라 단지 다섯 가지의 심리적 욕구를 충족하는 데 있어서 긍정적인 방법을 선택하느냐 부정적인 방법을 선택하느냐의 차이가 있을 뿐이라고 강조한다.

자아존중감이 높고 용기가 있는 청소년들은 긍정적인 접근을 선택할 것이고 용기가 없고 낮은 자아존중감을 가진 십대들은 부정적인 접근방법을 선택할 것이다.

부모들은 청소년 자녀가 보이는 그릇된 행동(misbehavior)의 이면에 숨어 있는 심리적 동기나 진정한 목적을 알지 못하기 때문에 종종 문제를 악화시키는 방향으로 나가게 된다. 가령, 아이가 학교 성적이 저조하여 의기소침해 있는데 부모가 처벌하게 되면 자녀는 반항행위를 통하여 힘의 욕구를 충족하려 할 것이다. 그러므로 우리 자녀를 잘 지도하려면 부모는 자녀의 행동을 보고 자녀가 정말 무엇을 원하고 있는가를 알아차려야 한다. 그들의 심리적 욕구 내지 행동 목적을 알게 된다면 우리의 자녀가 긍정적인 방식을 통해서 욕구충족할 수 있도록 도와줄 수가 있다.

부모는 자녀와 어떤 식으로 상호작용하는 것이 좋은가? 크게 두 가지의 상황으로 나누어서 살펴보자.

첫째, 아이 쪽에서 부모의 애정과 관심을 받고 싶어 하는 경우다. 그리고 자녀에게 고민이 있어서 부모가 관심을 기울여야 할 상황이다. 이런 경우에 부모는 자녀의 이야기에 귀 기울여 주고 그 마음을 헤아려 주며 따뜻한 격려와 지지를 보내는 역할을 해야 한다. 그리고 자녀로 하여금 그 문제를 스스로 해결해 나가도록 생각해 보는 기회를 제공하는 것이다.

둘째, 부모 쪽에서 자녀에게 들려주고 싶은 이야기가 있다든지 자녀의 행동과 습관을 교정해야 할 필요가 있는 경우다. 이것은 다른 말로 표현하자면 자녀지도 내지 훈육에 관계된 상황으로서 부모 쪽에서 자녀와 대화하고자 하는 필요성을 더욱 절실하게 느끼고 있는 상황이다. 자녀에게 훈육이 필요하다고 느껴지는 경우는 대개가 자녀가 말썽을 부리거나 부모의 지시에 거역하는 때다. 이런 경우는 부모의 감정이 고조되어 있을 가능성이 많다. 따라서 부모는 먼저 마음을 차분하게 가라앉히고 효율적인 의사소통의 기술을 사용하여 자녀가 부모의 말에 응하도록 설득하고 협조를 구할 필요가 있다. 그리고 아이가 부모의 뜻에 거역할 경우는 토론과 가족회의를 통하여 부모–자녀 간의 합의점에 도달하도록 촉구한다.

부모 쪽에서 자녀지도의 필요성을 절박하게 느끼고 있는가? 아니면 자녀 쪽에서 어떤 문제로 절박한 상황에 처해 있는가? 부모와 자녀 중 대화나 지도의 필요성을 누가 더 절박하게 느끼고 있는가를 먼저 파악하고 나서 대화에 임해야 한다. 이것을 '현대의 적극적 부모역할훈련(Active Parenting Today)' 프로그램이나 STEP, P.E.T. 등과 같은 부모교육의 교재에서는 '문제의 소유'라는 개념으로 소개하고 있다. 이 장에서는 두 가지 상황에 따른 자녀지도의 기술에 대하여 논의해 보기로 하자.

자녀지도를 위한 대화기법

자녀에게 다가가기 위한 대화

자녀에게 다가가서 부모가 먼저 말문을 열어야 할 상황을 서너 가지로 나누어 살펴보기로 하자.

첫째, 부모가 자신의 심경을 자녀에게 알려야 할 상황이 발생할 때 부모는 자녀에게 어떻게 이야기를 해야 할까? 예를 들어, 당신은 오늘 몹시 신경이 예민하여 침대에 누워 쉬고 싶은데 아들 녀석이 떡볶이를 해 달라고 조른다. 이때는 자기의 심정을 있는 그대로 표현하면 된다. "엄마가 오늘은 몹시 신경이 예민하고 피곤하거든. 적어도 30분은 엄마 혼자 쉬어야 하겠구나. 떡볶이는 그 다음에 해 줄게."

둘째, 당신 쪽에서 어떤 주제를 가지고 자녀와 대화를 하고 싶을 때가 있다. 예를 들어, 당신의 딸(고등학생)에게 최근에 남자친구가 생겼다고 하자. 당신은 이성과 교제할 때의 유의점, 특히 성적인 문제에 대하여 유익한 정보(예: 데이트 강간)를 알려 주고 싶은 마음이 간절하다. 이때는 어떤 식으로 말문을 열어야 할까?

부모는 자녀와 대화할 필요성을 느끼지만 자녀는 시간이 없거나 그 주제에 대한 관심이 없는 경우도 있다. 이때는 자녀가 부모와 잠시 대화를 나누도록 사전에 동기화시킬 필요가 있다. 부모가 무턱대고 자녀에게 말을 하기보다는 사전에 적절한 자료(책자, 팸플릿, 신문기사의 스크랩)를 준비하도록 한다. 그리고 대화할 시간을 정하는 것이다. "얘, 월간지에 '데이트 강간'이라는 기사가 나왔는데 아빠가 읽어 보니까 요즈음 청소년들이 알아 두면 매우 유익한 정보야. 한두 페이지밖에 안 되니까 5분이면 다 읽을 수 있을 것 같다. 네 책상 위에 놓아 두었으니까 언제 한번 읽어 보렴. 그리고 다음 주에 아빠하고 잠깐 소감을 나누어 보도록 할까?"

셋째, 자녀에게 무슨 고민이 있는 것 같아 당신이 아이와 이야기를 나누고 싶은 경우가 있다. 중학교에 다니는 아들 녀석이 어두운 얼굴로 힘없이 현관에 들어선다고 하자. 이때 당신은 어떤 식으로 대화하는 것이 좋을까? 다음과 같은 6단계를 활용하면 좋다.

- 1단계 – 자녀에게 관심을 기울이는 자세로 대화를 시작한다.
- 2단계 – 자녀가 이야기를 하도록 이끌어 간다.
- 3단계 – 자녀의 마음을 읽어 준다(공감해 준다).
- 4단계 – 자녀의 욕구와 문제점을 확인시켜 준다.
- 5단계 – 해결방안을 탐색(브레인스토밍)하고 실천하도록 도와 준다.
- 6단계 – 추후지도를 한다.

이제 이 6단계를 활용해 부모가 아들과 대화하는 장면을 살펴보자.

부모: "애. 너 오늘 안색이 좋지 않구나. (대화를 시작한다) 학교에서 무슨 일이 있었니?" (이야기하게 한다)

아들: "네. 수학 성적이 나쁘게 나와 선생님께서 꾸지람을 하셨

어요."

부모: "저런……, 속이 상했겠네." (공감해 준다)

아들: "네."

부모: "그래서 기운이 없구나. 수학 공부가 네게 어려운 모양이지?"

아들: "수학 공부는 해야 하는데 재미가 없어요. 그리고 어려워요. 자연히 수학 공부는 그럭저럭 하게 되거든요. 그게 문제예요."

부모: "음. 너는 수학 공부를 잘하고는 싶은데, 수학에 취미가 없고 수학의 기초실력이 딸리는 게 문제인 것 같구나." (욕구와 문제점을 확인시켜 준다)

아들: "맞아요."

부모: "그럼 수학 성적을 올리고 그런대로 취미도 붙일 수 있는 방법에는 어떤 것이 있을까? 우리 같이 생각해 볼까?" (해결방안을 탐색하게 한다)

아들: "글쎄요……."

부모: "다른 과목 공부는 다 팽개치고 수학 공부만 한다든지, 네가 풀 수 있는 수준의 수학만 나오는 학습지가 있는가 알아본다든지……." (브레인스토밍한다)

아들: "헤헤, 재미있네요. 일반 학습지도 과외가 아니고요, 수학을 재미있고 쉽게 가르치는 과외 선생님을 만나서 특별지도를 몇 달간 받아 보고 싶어요."

부모: "그것도 좋은 생각이구나. 또 무슨 방법이 있을까?"

아들: "제가 집에서 수학 공부를 하고 수학 문제를 풀 때마다 맛
있는 간식을 해 주세요. 힘이 나라고요."

부모: "그것도 좋은 생각이구나……."

훈육과 관련된 대화

부모 쪽에서 자녀를 지도하고 훈육해야 할 필요성을 느껴 대화
를 시도할 때는 좀 더 세련되고 신중한 방법이 필요하다. 이것은
부모-자녀 간 의사소통의 기술에 해당되는 것으로서 각종 '부모
역할훈련' 프로그램에 소개되고 있다. 예를 들어, 자녀가 귀가하
면 먼저 씻고 간식을 먹은 다음에 숙제를 하고 나서 놀도록 하는
습관을 들이고 싶은 경우라면, 이때는 다음과 같은 순서로 대화할
수 있다.

① 자녀가 해야 할 일에 대하여 먼저 설명해 준다

대개의 부모는 자녀가 할 일을 일방적으로 지시하거나 명령하
기 마련이다. 그렇게 되면 자녀는 부모의 말을 건성으로 듣게 되
고 곧바로 행동으로 옮기지 않는다. 그 이유는 아이 쪽에서 부모
가 지시하는 바를 자기의 중요한 생활목표로 내면화하지 않았기
때문이다. 그러므로 부모는 아이에게 지시하기 전에 그 일이 왜
중요한가를 일러 주어야 한다. 또 미리 아이가 몸을 관리하고, 놀
고, 쉬고, 공부하는 것을 매일, 매주, 매월 어느 정도로 실천하는

것이 좋은지에 대해서 자녀와 함께 충분히 논의해 보도록 한다. 무엇보다도 부모는 아동의 전인적 발달에 유념해야 한다. 무조건 '공부하라'고만 강요하기보다는 학업, 건강, 여가와 놀이, 친구들과의 교류 등에도 적절한 시간이 안배되도록 주별, 월별로 계획을 짜는 일이 중요하다. 잘 놀 수 있는 사람이 공부도 집중하여 잘할 수 있고 충분히 휴식을 취하는 것이 공부의 효율성을 높여 주기 때문이다.

그러므로 "애야, 쓰레기를 버리고 청소해라."라고 일방적으로 지시하기보다는 미리 아이가 할 일을 일러 주는 것이 좋다. "이번 주 토요일 오후는 전 가족이 집안 청소를 나누어서 하는 날이다. 너는 이번에 현관 청소와 쓰레기 버리는 일을 하게 되어 있구나. 오후 다섯 시부터 시작한다. 알았지?"라고 일러 주는 것이 좋다.

② 자녀에게 정중하게 요청한다

자녀에게 정중하게 대한다는 것은 아동을 부모의 소유물로 간주하기보다는 독립된 인격체로서 존중해 준다는 뜻이다. 그러므로 아이에게 '~해라.'라고 말하기보다는 '~해 주겠니?' 또는 '네가 ~을 도와주면 고맙겠다.'라고 말하는 것이 좋다. 예를 들어, "너, 어서 씻고 학원에 가거라."라고 말하기보다는 "애야, 손을 씻고 나서 조금 쉬고 난 다음에 학원에 가겠니?"라고 요청하는 표현이 더 좋다. 그것은 아이의 자존감을 높여 주어 기분을 상승시키는 효과가 있기 때문이다.

③ 행동규칙을 결정하는 데 자녀를 참여시킨다

학급회의나 가족회의에서 아동과 함께 행동규칙을 결정하는 것
이 바람직하다. 그리고 아이를 훈육할 때도 부모가 일방적으로 아
이가 받을 보상이나 처벌을 정하기보다는 아이에게 의견을 물어
보는 것이 좋다. 가령, "네가 집안 청소 시간에 빠지게 되면 어떤
대가를 받아야 된다고 생각하니?"라고 물어본다. 그리고 나서 결
정한다.

④ 선택권을 준다

인간에게 단순하면서도 가장 강력한 힘은 선택하는 힘이다. '적
극적인 부모역할훈련(A.P.T.)'에서 강조하는 '한계 안에서의 자유'
란 아동이 선택을 하는 자유다. 부모는 가정의 지도자로서 자녀의
나이에 알맞은 책임감의 기준을 정하여 선택의 기회를 제공하는
것이 좋다. 자녀들에게 선택의 자유를 제공하는 것은 그들의 힘을
크게 북돋아 주는 것이다. 그와 동시에 당신이 자녀들에게 선택의
범위를 구체적으로 정해 준다면 가정에서 중요시하는 규칙이나
가치가 결코 희생되지 않을 것이다.

일상생활에서 어린아이들이 단순한 선택을 해야 할 때도 선택
권을 주는 것이 도움을 준다는 것을 알 수 있다. 이때 주의할 점은
자녀가 무조건 모든 것을 선택하도록 일임하지 않아야 한는 점이
다. 자녀들은 자신들의 일상생활에 대하여 부모가 확고하면서도
세심하게 결정을 내려 줄 때 안정감을 느낀다. 가령, 숙제를 하지

자녀지도를 위한 대화기법

않고 TV에 열중해 있는 자녀가 있다고 하자. 그 자녀에게 부모는 일방적으로 명령하고 자녀는 부모의 지시를 따르지 않으려 하면, 부모는 아이와 싸우게 된다. 이때 자녀와 언쟁에 휘말리기보다는 부모 쪽에서 다음과 같은 방식으로 선택권을 주는 것이 더 현명하다. "지민아, TV를 먼저 30분 시청하고 난 다음에 한 시간 공부할래? 아니면 공부를 먼저 하고 난 다음에 TV를 한 시간 볼래? 네가 선택해라."라고 말할 수 있다.

⑤ 아이가 취한 행동에 따르는 대가를 체험하게 한다

자녀가 규칙을 어겼을 경우는 그에 대한 대가를 치르도록 '자연적 결과'와 '논리적 결과'를 체험하게 하는 것이 좋다. 이것은 상벌(보상과 처벌)의 방법보다 더 효율적인 지도방식이다. 규칙을 어겼을 때 아이가 받아야 할 대가를 결정하는 데도 아이의 의견을 물어보고 참작하게 되면 논리적 사유의 능력이 길러진다.

자연적 결과를 체험시키는, 예를 들면 늦잠 자는 자녀가 스스로 아침에 일어나도록 하는 규칙을 세우고 난 다음에는 아이가 늦잠 자고 학교에 지각하는 것을 지켜보는 것이다. 늦잠을 잔 아이가 지각하게 되고 그 과정에서 자연적으로 터득하게 되는 교훈을 이용하여 자녀를 지도하는 것이다. 그러나 자연적 결과는 어쩌다 한 번씩 상황에 따라 사용해야 한다.

논리적 결과란 자녀가 가정의 규칙이나 부모의 지시를 따르지 않을 때 자녀를 가르치기 위하여 아동이 취한 행동의 대가로 따르

비논리적인 결과를 체험시키는 지도방식

논리적 결과를 체험시키는 지도방식

자녀지도를 위한 대화기법

는 결과(손해)를 아동이 논리적으로 경험하게 하는 것이다. 논리적 결과는 조용하나 단호한 태도로 시행되어야 한다. 예를 들어, 아이가 벽에 크레용으로 낙서를 하면 그 행동의 대가로 낙서를 말끔히 지우도록 지시하는 것이 논리적 결과의 방법이다.

⑥ 의사소통의 걸림돌을 사용하지 않는다

자녀와 대화할 때 항상 신사적인 매너와 정중한 말투만 사용할 수는 없다. 필요한 경우에는 명령하고 지시하며, 위협도 하고, 훈계와 질책도 하기 마련이다. 그러나 이런 방법은 상호 간의 의사소통을 막을 수 있다. 따라서 자녀가 진정으로 부모의 말에 귀를 기울이고 부모의 지시를 수용하기를 원한다면 우리는 마음이 통하는 대화를 할 수 있도록 유념해야 한다. 그것은 의사소통의 걸림돌을 사용하지 않고 자녀의 약점을 지적하여 공격하지 않는 것이다. 또한 다른 사람과 비교하지 않는 것이다.

부모들이 곧잘 사용하는 의사소통의 걸림돌을 열거하면 다음과 같다.

- "말대꾸하지 마라. 무조건 하라면 하는 거야!" (명령하기)
- "앞으로 또 그런 짓 했다가는 가만두지 않겠다. 이건 명령이다." (위협하기)
- "너 분명히 ~했지?" (심문하기)
- "너는 멍청해서 별 수 없어."(또는 "넌 왜 그리 경솔하니?") (약

의사소통의 걸림돌을 사용하는 어머니

자녀지도를 위한 대화기법

공감해 주고 격려해 주는 어머니

점을 지적하기)

- "네 친구를 봐라. 그 애는 항상 우등생인데 넌 뭐가 부족해서 공부를 못하니?"(남들과 비교하기)

⑦ 부모의 감정조절과 나–전달법

자녀를 훈육하는 과정에서 부모는 짜증, 좌절, 분노를 경험하기 마련이다. 그런데 부모의 감정이 폭발하면 관계가 악화되기 쉽다. 이때 분노조절의 방법으로서 '나–전달법'과 같은 의사소통의 기술, 즉 상대방을 비판하지 않고 다만 자신의 느낌과 요구사항을 담담하게 표현하는 것을 사용하는 것이 효과적이다. 나–전달법을 사용할 때 조심할 것은 혼합 메시지를 사용하지 않고 담담한 어조로 말해야 한다는 것이다.

⑧ 유아동에게는 '하나–둘–셋의 마술' 기법을 사용한다

부모가 자녀에게 해야 할 일을 설명해 주고 나서 "~을 하겠니?"라고 정중하게 요청했음에도 불구하고 자녀는 부모의 지시에 응하지 않고 자기가 하고 싶은 것만 계속하려고 하는 경우가 많다. 그럴 때는 부모 쪽에서 마음을 가라앉히고 낮은 목소리로 '나–전달법'을 사용하는 것이 좋다는 것을 이론적으로는 잘 알고 있지만 막상 자녀와 실랑이를 벌이는 현장에서는 그대로 실천되지 않는다. 부모는 언성이 높아지고 야단치고 훈계하고 아이는 떼를 부리게 되어 우리가 배운 멋진 자녀지도의 기법이 때로는 유명무실하

다고 느껴지는 경우도 있다. 특히 유아동은 부모의 논리적인 설명을 완전하게 수용하려 하기보다는 자기의 본능과 감성에 더 많이 좌우된다. 예를 들어, 형제간 싸움을 하고 있을 때 자녀가 원하는 것과 부모가 원하는 것이 다르다.

어떻게 자녀로 하여금 부모가 원하는 것을 하도록 지도할 수 있을 까? 만 2세부터 12세까지의 아동에게 유용한 지도기술로서 펠란(Phelan)은 '하나-둘-셋 마술'의 기법을 소개하였다. 그것은 아이에게 '~은 그만두고 ~을 하거라'라고 지시하는 것이다. 그러고 나서 아이가 말대꾸하거나 칭얼거릴 때 '앞으로 아빠가 하나, 둘, 셋 할 때까지 기다려 줄 수 있지만 그 이상은 안 된다. 알았지?'라고 말한다. 그리고 부모는 '하나'라고 길게 말하면서 다섯 번 정도 호흡한다. 이어서 '두울'하면서 또 다섯 번 정도 호흡한다. 이렇게 두 번의 기회를 줌으로써 아이들이 그 행동을 중단하고 부모가 지시하는 행동으로 이행할 여유를 제공하는 것이다. 그것은 어린이들의 관심을 부모가 원하는 행동으로 돌리는 효과도 있다. 또 부모 쪽에서도 하나, 두울, 셋을 소리내며 호흡하는 동안에 심리적인 안정감을 회복할 여유가 생긴다. 이 기법을 통해 부모가 화를 내지 않고 자녀를 느긋하게 대하는 재미를 만끽할 수 있다.

앞의 사례에서, "○○야, 아빠는 너희가 싸우는 것을 중단하고 각자 자기 방으로 들어가기를 원한다. 알았지? 지금부터 아빠가 하나, 둘, 셋까지 셀 테니까 그리 알아라. 자. 하나아, ……두울…… 셋!" 그래도 자녀가 부모님의 지시에 불응하면 최후의 통첩을 내릴 수 있다. "아직까지도 너희가 말을 듣지 않고 있구나. 아빠가 마지막으로 다섯까지 셀 거다. 그때까지도 너희끼리 싸우고 있으면 아빠가 다른 조치를 취할 것이다. 형제끼리 싸울 때는 어떻게 해야 한다는 것을 우리가 가족대화시간에 이야기했었지? 자. 하나아…… 두울…… 세엣…… 네엣…… 다섯!"

문제해결을 위한 토론

가족 간의 갈등이나 문제가 발생하였을 때는 가족이 모두 모여 토론하거나 회의를 통하여 문제해결의 방법을 강구할 수 있다. 가족이 어떤 문제를 놓고 토론을 할 때는 다음과 같은 단계를 거치도록 한다.

- 문제점을 규명한다.
- 생각과 느낌을 서로 말한다.
- 브레인스토밍의 방법으로 여러 가지 해결책을 찾아본다.
- 토론과정을 거쳐 합의에 도달한다.
- 결정된 사항은 실행한다.

사고력을 길러 주는 대화

평상시 부모들은 자녀의 행동에 대해서 어떻게 반응하는가? 대부분의 부모들은 아이들이 잘못된 행동을 했을 때 부모의 입장에서 문제를 해결하려고 한다. 이런 부모의 행동은 아이들의 사고를 막는 방해요인이 된다. 부모가 아이의 행동에서 잘못된 부분을 지적하고 해결 방법을 제시해 준다면 아이에게서 생각할 기회를 빼앗은 셈이다. 그리고 아이들은 스스로 해결 방안을 탐색하려고 노력하지 않게 될 것이다. 그러므로 부모는 아이들이 스스로 무엇이 문제점인가를 규명해 보고, 또 해결방안을 찾아보도록 격려해야 한다. 그것이 문제해결적 대화기법이다.

브레인스토밍을 촉구하여 자녀에게 사고력을 길러 주는 대화는 '잘못된' 해결방안을 선택한 아이들에게 합리적이고 현명한 문제해결적 기술을 배우게 하는 것이다. 사고력을 길러 주는 대화를 하는 부모들은 아이들이 문제를 정의하도록 하고, 아이들이 행동한 결과에 대해서 자신이나 다른 사람이 어떻게 느끼는지 알도록 가르쳐 주게 된다. 그리고 자녀가 생각해 낸 각각의 대안을 선택하게 되면 어떤 결과가 발생할지를 미리 추측해 보고, 마지막으로 여러 가지 대안 중에서 어떤 대안을 선택하여 문제를 해결하는 것이 더 좋은지를 판단해 보고 행동하도록 가르친다.

'사고력을 길러 주는 대화'의 원리는 '자녀에게 다가가기 위한 대화'나 '문제해결을 위한 토론'의 과정과 같은 원리다. 다음에 소개하는 에사(Essa)의 대화법은 부모가 자녀의 사고력을 길러 주기 위하여 자녀에게 질문하는 방법을 순차적으로 자세하게 설명하고 있다.

- 아이가 문제를 정의하게 한다.
  "무슨 일이니?"

"무슨 일이 일어났니?"(더 많은 정보가 필요하면 자세히 물어본다.)

- 아이가 다른 사람의 감정에 대해 생각하게 하고 자신의 감정에 대해서도 생각하도록 한다.

  "그때 그 아이의 기분은 어땠니?"

  "너의 기분은 어땠니?"

- 아이가 자신이 취한 행동에 대해서 말하도록 한다.

  "그래서 너는 어떻게 했니?"

  "그 아이는 어떻게 했니?"

- 아이가 자신의 행동의 결과에 대해 말하도록 한다.

  "네가 그렇게 행동했더니 어떻게 되었니?"

- 자기행동의 효과성에 대하여 말하게 한다.

  "그래서 어떤 결과가 나타났니?"

- 여러 가지 해결방안을 찾아보게 한다.(브레인스토밍)

  "너도 좋고 그 아이에게도 좋게 해결할 수 있는 방법이 무엇일까?"

- 평가를 통하여 바람직한 대안을 선택하게 한다.

  "네가 생각해 낸 여러 가지 방법 중에서 네가 할 수 있는 제일 좋은 방법은 무엇일까?"

- 대안을 선택한 뒤에는 행동으로 옮기게 한다.

  "그것을 선택했구나. 그럼, 그렇게 해 보겠니?"

- 추후지도를 한다.

  "지난번에 있었던 일이 어떻게 되었니?"

자녀지도를 위한 대화기법

이제, 다음의 사례를 가지고 아이의 사고력을 길러 주지 못하는 대화와 아이의 사고력을 길러 주는 대화를 비교해 보자.

큰 아들 수빈(6세)과 둘째 아들 지빈(3세)이가 장난감 블록을 가지고 싸우는 상황이다. 형 수빈이가 블록을 가지고 멋지게 뭔가를 만든다. 그때 동생 지빈이가 형이 만든 것을 보고 자기에게도 그렇게 만들어 달라고 하는데 수빈이가 모른 체한다. 그러면 지빈이가 형이 만든 블록을 빼앗고 형을 때린다. 수빈이가 동생을 때리면 지빈이가 형을 입으로 문다. 그러면 서로가 다시 때리고, 싸움이 벌어져 집안이 시끄러워진다.

사고력을 길러 주지 못하는 대화

아빠: "얘들아, 형제들끼리 왜 싸우는 거니? 수빈아. 네가 형이니까 참아라."

수빈: "지빈이가 먼저 내 블록을 빼앗아갔어요."

아빠: "지빈이는 아직 어리니까 네가 참아야지. 그리고 동생을 잘 데리고 놀아야지."

수빈: "치이! 아빠는 동생만 예뻐해."

아빠: "너희 그렇게 맨날 싸우면 가만두지 않겠다."

수빈: "왜 나만 가지고 그래요. 지빈이가 먼저 내 블록을 가져갔는데……, 앙~."(수빈이가 제 방으로 가서 문을 쾅 닫는다)

자녀의 사고력 계발을 방해하는 부모

자녀지도를 위한 대화기법

사고력을 길러 주는 대화

- 아이가 문제를 정의하게 한다.

  아빠: "수빈아, 무슨 일이니?"

  수빈: "지빈이가 내가 만든 블록과 똑같이 블록을 만들어 달라고 했는데 내가 안 만들어 주니까 내 것을 빼앗아 갔어요."

- 아이가 다른 사람의 감정과 자신의 감정에 대해 생각하도록 한다.

  아빠: "수빈이는 지빈이가 블록을 빼앗아 갔을 때 기분이 어땠어?"

  수빈: "화가 났어요. 지빈이가 미웠어요. 지빈이는 나만 귀찮게 하고 무조건 빼앗아가서 싫어요."

- 아이가 자기 행동에 대해 말하도록 한다.

  아빠: "그래서 수빈이는 어떻게 했니?"

  수빈: "지빈이를 때렸어요."

  아빠: "지빈이를 때렸을 때 지빈이 맘이 어땠을까?"

  수빈: "화가 났겠죠."

- 아이가 자기 행동의 결과에 대해 말하도록 한다.

  아빠: "네가 지빈이를 때리니까 지빈이가 어떻게 했니?"

  수빈: "지빈이가 나를 물었어요."

- 자기행동의 효과성에 대하여 말하도록 한다.

  아빠: "그래서 어떻게 되었니?"

수빈: "동생하고 계속 싸웠어요."

- 여러 가지 해결방안을 찾아보게 한다. (브레인스토밍)

아빠: "그럼, 동생과 싸우지 않고 잘 지내는 방법이 있는지 찾아볼까? 어떤 방법이 있겠니? 가령, 네가 놀이터로 나간다든지 TV를 볼 수도 있을 거야. 또 어떤 방법이 있을까?"

수빈: "블록을 다 버려요."

아빠: "그것도 한 가지 방법이지. 또 어떤 방법이 있을까?"

수빈: "내가 지빈이에게 블록 만드는 법을 가르쳐 주어요."

아빠: "수빈이는 참 영리하지. 그것도 한 가지 방법이네. 또?"

수빈: "지빈이가 만들어 달라고 하면 내가 그냥 만들어 주어요."

아빠: "또?"

수빈: "지빈이가 나에게 블록을 만들어 달라고 친절하게 부탁해요. 지빈이는 내가 만든 블록을 빼앗지 말아야 해요."

아빠: "그렇지? 동생에게 '형, 블록을 만들어 줘!'라고 좋은 말로 말하라고 가르쳐 주는 거지? 또 무슨 방법이 있을까?"

수빈: "내가 지빈이를 때리지 않고 30분만 가지고 놀다가 블록을 돌려 달라고 해요."

자녀의 사고력을 쑥쑥 길러 주는 부모

- 평가를 통해 좋은 대안을 선택하게 한다.

  아빠: "네가 여러 가지 방법을 생각해 냈구나. 우리 수빈이
  　　　는 이렇게 영리하단 말이야. 그런데 네가 블록을 다
  　　　버리면 어떻게 될까?"

  수빈: "블록을 버리기 싫어요. 블록을 계속 가지고 놀고 싶
  　　　어요."

  아빠: "음, 블록을 계속 가지고 놀고 싶구나. 그럼 어떤 방법
  　　　이 제일 좋을까?"

  수빈: "내가 지빈이에게 블록 만드는 법을 가르쳐 줄 거예
  　　　요. 그것이 좋아요."

- 대안을 선택한 뒤에는 행동으로 옮기게 한다.

  아빠: "그래. 네가 지빈이에게 블록 만드는 법을 가르쳐 주
  　　　기로 했지? 그럼, 언제부터 가르쳐 줄 수 있겠니?"

  수빈: "오늘부터 할게요."

  아빠: "만약에 지빈이가 블록을 만드는 것을 어려워하면 어
  　　　떻게 하겠니?"

  수빈: "지빈이가 못하는 것은 제가 만들어 주고 그래도 못하
  　　　면 아빠가 도와주세요."

  아빠: "그래, 참 좋은 생각이구나."

- 추후 지도한다.

아빠는 아이들이 블록을 가지고 잘 놀았는지를 물어본다. 두 아

들이 사이좋게 논 것이 판명되었으면 계속 그렇게 놀도록 강화해 준다. 만약에 사이좋게 놀 수 없었을 경우는 문제해결적 대안에 관하여 다시 브레인스토밍을 하도록 한다.

사 례

사례 1 **가출한 아들을 잘 다루고 싶은 아버지**

Q 제 아들 녀석(고2)은 상습적으로 무단결석하고 가출을 하여 속을 썩입니다. 덩치가 커서 이제는 매로 다스릴 수도 없고 제 말도 일체 듣지 않습니다.

"자기 인생을 알아서 살 테니 간섭하지 말라."고 따지는 녀석을 말로도 당해 낼 도리가 없습니다. 아들 녀석은 객지에 가서 놀고 지내다가 용돈이 떨어지면 아르바이트를 하다가 생활이 궁핍해지면 마지못해서 전화를 걸고는 귀가합니다. 부자간에 높은 담이 가로막고 있는데 어떻게 잘 다룰 방도가 없습니까?

A 어긋난 길을 달리고 있는 자식에 대하여 근심 걱정하는 아버님의 마음을 이해할 것 같습니다.

아들과 선생님과의 관계는 이미 정상적인 대화가 차단된 상태

인 듯합니다. 아들을 양육하면서 선생님께서는 자유방임적 지도
방식과 독재적 지도방식을 혼용하시지 않았을까요? 지금부터 아
들과 막힌 담을 헐고 대화하려면 방임이나 유기도 아니고 훈계,
징벌도 아닌 방식을 사용해야 하겠습니다.

그것은, 첫째, 자녀에 대한 부모의 관심과 애정을 전달하는 것
이고, 둘째, 십대의 논리성에 호소하는 대화법을 사용하는 민주적
인 지도방식입니다. 가출한 아들이 부모님께 전화하고 집에 돌아
오겠다는 의사를 표시하면 부모님께서는 과거와는 아주 다른 방식
으로 아들과 대화하십시오. 미리 아들과 나눌 이야기를 시나리오
로 적어 보십시오. 그리고 부부가 아들과 아빠 역을 역할놀이하며
대화연습을 하십시오. 이때 유의할 점은 절대로 언성을 높이지 않
으며, 차분하고 느린 목소리로 간결하게 말하도록 하는 것입니다.

첫째로, 자녀에 대한 부모의 진솔한 관심과 애정을 보이십시오.

"○○야, 네가 소식이 없어서 아빠는 걱정을 많이 했구나. 너 어
디 있니?"
"몸은 건강하니?"
"밥이나 제때에 먹고 지내느냐?"

둘째로, 명령, 훈계, 질책하지 않고 아들과 대화하는 것입니다.
그리하여 아들이 원하는 것과 부모가 원하는 것을 포용적으로 조
율하고 논리성에 입각한 훈육을 제공하는 것입니다.

부자간의 대화를 대강 다음과 같이 풀어나갈 수 있을 것입니다.

아들: 아빠. 죄송해요. 나 집에 갈래요. 돈도 떨어졌고……. 앞
　　　으로는 공부도 열심히 할게요. 약속해요.

아빠: 네가 집으로 돌아와 부모 밑에서 편히 살고 싶고 공부도
　　　하고 싶다는 말이지?

아들: 네. 그런데 집으로 돌아갈 여비가 없어요.

아빠: 네가 네 인생을 네 힘으로 살아 보겠다고 큰소리쳤던 것
　　　으로 안다. 네 힘으로 요령껏 버텼으니까 집에 돌아올 여
　　　비도 네가 요령껏 만들어야 하지 않겠니?

아들: 그렇지만 지난번에는 송금해 주셨잖아요. 제 친구들도 자
　　　기 엄마가 돌아갈 여비를 송금해 준다는데…….

아빠: 그때는 그때고……. 또 네 친구들 부모는 그렇게 할지 모
　　　른다. 그러나 지금부터 아빠는 너를 책임감이 있는 의젓
　　　한 학생으로 대할 것이다. 앞으로는 너에게 화도 내지 않
　　　고 야단도 치지 않으려고 한다. 너의 장래를 위해서 부자
　　　간에 서로 대화하고 합의하면서 살아가자. 네가 네 인생
　　　을 책임지겠다고 말했으니까 네가 돌아올 여비도 책임지
　　　고 벌어라. 그러고 나서 네가 언제쯤 돌아올지 전화해 주
　　　겠니? 기다리고 있으마. 아무쪼록 우리는 주야로 너의 장
　　　래를 위해 기도하고 있다.

Q 저는 아들 하나와 딸 둘을 둔 엄마입니다. 저의 시댁 형제간들
은 모두 성공한 사회지도층인데 아이들도 한결같이 공부도 잘하
고 반에서 회장을 하고 있습니다. 그런데 저의 집 아이들(중3, 중1, 초
4)은 모두 공부에 취미가 없어요. 성격이 명랑하고 친구들을 잘 사귀고
운동과 노래 같은 것은 잘하고 또 눈치가 빨라서, 특히 딸들은 저를 잘
도와주기도 합니다. 명절날 시댁에 모이면 사촌들의 자랑으로 떠들썩하
고 시부모님의 입은 함박웃음으로 가득한데, 저와 남편은 자존심이 상
하고 저희 아이들도 기를 펴지 못합니다.

속이 상할 때마다 아이들을 엄하게 다루고, 아들에 대해서 더 높은 교
육열을 가지고 살지만 자녀들이 따라 주지 않습니다. 우리 아이들도 열
등감이 심해요. 게다가 아들 녀석은 사춘기가 되면서부터 말끝마다 대
꾸하고 엄마 아빠의 말은 콧등으로 알아듣는지 반항적으로 나와요. 고
민이 많습니다. 일류대학에 진학하여 좋은 직장을 가져야 한다고 입버
릇처럼 말하지만 저희 아이들에게는 그럴 가능성이 적은 것 같아서 걱
정입니다. 자녀지도를 어떻게 해야 할까요?

A 어머님의 심정은 충분히 이해가 갑니다. 생존경쟁이 치열
한 한국 땅에서 살아남고 성공하려면 무엇보다도 공부를
잘해야 하겠지요. 그런데 어머님의 자제분들이 공부에 취미가 없
는 것 같고 학교 성적도 변변치 못할 때 어머님은 걱정하지 않을
수 없을 것입니다. 자녀를 잘 지도하려는 의도에서 아이들을 다그

치고 야단쳤는데 그럴수록 아이들은 공부와 더 멀어지고 끝내는 부모의 말씀을 혐오하고 반항적으로 나오며 열등감으로 괴로워하는 결과가 나타났군요. 그렇습니다. 우리는 좋은 의도로 자녀를 훈계하건만, 그 결과는 정반대로 나타나는 일이 많기에 자녀지도가 그만큼 어려운 것입니다. 어머님의 다급하고 불안한 마음은 충분히 이해가 가지만, 부모가 해 준 부정적인 말은 자녀의 자기가치감과 자신감에 해독을 끼칩니다. 지금부터 제가 강조하는 내용을 잘 숙지하시기 바랍니다.

이 책에서 기술하였듯이 이 세상에서 성공한 사람의 20%는 공부를 잘한 사람이고 나머지 80%는 공부나 학력과 무관한 사람들입니다. 80%에 해당하는 성공인들은 근면, 성실, 낙천성, 배려와 온정, 정직성 등과 같은 인간적인 특성과 인격적 품성이 갖추어진 사람들입니다. 어떤 일이든지 꾸준히, 인생의 황혼기까지 포기하지 않고 열심히, 즐겁게 하다보면 그 분야에 전문가가 되고 뛰어난 전문성은 재산과 명예와 봉사의 기회까지 안겨 주는 것이 세상의 원리입니다. 따라서 자제분들에게서 공부 이외의 분야에서 보여 주는 적성과 소질을 발견하여 진로교육의 문을 두드리십시오. 그리고 윽박지르고 야단치기보다는 격려하고 인정해 주고 칭찬해 줌으로써 무언가를 탐구하려는 의욕과 호기심과 용기와 끈기가 개발되도록 도와주십시오.

특히 아들에게는 "엄마가 그동안 너에 대한 기대와 욕심이 지나친 나머지 너에게 가혹하게 대했구나. 미안하다. 앞으로는 네가 좋아하는 분야를 우리가 서로 발견해 나가도록 노력하자. 그리고 엄마 아빠는 너에게 부담감을 주고 강요하지 않을 테니 우리의 마음을 이해해 다오.”라고 말씀하십시오. “엄마는 네가 착하고 진실하고 부지런하다는 것을 잘 안다. 그리고 인간미가 있지. 그런 장점들은 아주 소중하단다. 넌, 특별해!”라고 인정해 주십시오.

말은 강력한 각인력이 있습니다. 부모님이 자녀에게 격려해 주고 축복해 준 대로 자녀는 그대로 됩니다. “인생은 장기 마라톤이란다. 20대, 30대도 중요하지만 인생의 만년인 80세, 90세에 가서 그 사람의 삶을 평가하게 되는 거야. 우리 느긋하게 맘먹고 준비하자. 옛말에 ‘오랫동안 엎드린 새가 가장 멀리 날아간다.’는 말이 있어. 미래를 위한 준비단계에 우리가 넉넉한 시간을 투자하도록 하자.”라고 말해 주십시오.

부모님은 십대 자녀의 자율성과 개체성을 인정해 주고, 되도록 규제와 간섭을 줄이면서 애정을 보여 주도록 하십시오. 모든 인간은 어느 누구와도 같지 않으며 자기만의 고유성을 가지고 태어났습니다. 그러므로 사촌들과 비교하지 마십시오. 자녀의 자존감은 부모의 표정과 말씨가 길러 주는 것입니다. 자녀 하나하나의 개성과 독자성을 귀하게 여기고 인정해 줄 때 자제분들은 어머님을 좋아하고 존경하게 될 것입니다.

참고로 저의 또 다른 책『청소년의 인성교육』에서 한 대목을 인용하겠습니다.

영국을 전쟁의 위기에서 구출한 영웅 처칠의 예를 들어 보자. 처칠은 1874년 불레엄 궁에서 출생하여 어린 시절부터 전쟁놀이를 좋아하였다. 공부에는 뛰어나지 않았던지 국어(영어) 성적이 불량하여 고등학교를 3년이나 낙제하였다. 그의 부모는 자나 깨나 전쟁놀이를 좋아했던 아들의 적성에 맞게 1893년 해군사관학교에 입학하도록 권유하였다. 그는 1900년 하원의원에 당선되었고, 1915년 오스만 제국을 공격하다 실패하자 해군장교에서 물러났다. 그리고 프랑스로 건너가 최전선의 대대지휘관으로 싸웠다. 그 후에 그는 장교로 참전할 수 없게 되자 종군기자로 전쟁에 참전하기도 하였다. 1940년 그는 영국 수상이 되었다. 1943년에는 미국의 루스벨트, 중국의 장제스 총통과 카이로 회담을 개최하여 제2차 세계대전의 종결에 힘썼다. 이처럼 일생을 바쳐 전쟁터에서 몸소 조국을 구원한 영국의 지도자 처칠의 배후에는 아들의 전쟁놀이를 눈여겨보며, 그 전쟁놀이를 애국심으로 승화시키도록 지도한 부모의 현명함이 있었다.

윈스턴 처칠은 학습장애아였다. 만약 당신의 아들이 어려서부터 바느질이나 부엌일을 좋아한다면 지금부터는 결코 핀잔을 주지 말아야 한다. 그 아이는 장차 유능한 디자이너나 복식 연구가, 새로운 요리의 창시자 또는 세계적인 식품 체인망의 사업가가 될 소질이 있다. 만약 당신의 딸이 주로 남자 아이들과 어울려 모험적인 놀이를 즐긴다면 어떨까? 아마도 당신 딸은 우주비행사, 탐험가, 정치가, 군인이 될지도 모른다. 또 남성들과의 사업관계에서 성공할 수 있고, 범죄자, 비행청소년들을 훌륭하게 다루는 유능한 카운슬러나 목회자가 될 수도 있을 것이다.

만약에 당신의 자녀가 예능계에 비상한 소질이 있는 것이 나타나면 그런 재능은 조기(早期)에 개발되어야 한다. 미국 최고의 영화감독 겸 제작자인 스티븐 스필버그(Steven Spielberg)는 어려서부터 무비 카메라(movie camera)로 사진을 찍고 다녔다. 그가 영화, 음악, 애니메이션 업계의 세계적 실력자가 된 것은 결코 우연이 아니다. 어린 시절부터 하지 말라고 다그치기보다는 차라리 무엇인가를 하게 하자.

참고문헌

권석만(2005). (젊은이를 위한) 인간관계의 심리학. 학지사.

김경숙 역, John Gray(1998). 화성에서 온 남자, 금성에서 온 여자. 친구미디어.

김선남(1996). 개인성장, 관계발달, 가족기능화. 중앙적성출판사.

김용태(2000). 가족치료 이론. 학지사.

김유숙(2003). 가족치료: 이론과 실제. 학지사.

김인자 역, Adler(2001). 인간관계와 자기표현. 한국심리상담연구소.

김창은(1990). 자기표현훈련 프로그램이 대인불안 및 자아존중감에 미치는
　　　효과. 한국교원대학교 대학원 석사학위논문.

김형태(1998). 상담의 이론과 실제. 동문사.

김혜숙(2003). 가족치료 이론과 기법. 학지사.

노진선 역, Ellig & Morin (2001). 자꾸만 똑똑해지는 여자. 명진출판.

설기문(2002). 인간관계와 정신건강. 학지사.

원호택, 박현순(1999). 인간관계와 적응: 삶을 위한 심리학. 서울대학교 출판부.

채규만, 최규련, 송정아, 홍숙자 역, Miller, S. et al.(1996). 부부가 함께 말하기와 듣기. 한국가족상담교육연구소.

홍경자 역, Popkin(1995). 현대의 적극적 부모역할 훈련-부모용 지침서. 중앙적성출판사.

홍경자 역, Popkin(1995). 현대의 적극적 부모역할 훈련-비디오. 중앙적성출판사.

홍경자 역, Popkin(1995). 현대의 적극적 부모역할 훈련-지도자용 지침서. 중앙적성출판사.

홍경자 역, Popkin(1996). 십대의 적극적 부모역할 훈련-부모용 지침서. 중앙적성출판사.

홍경자 역, Popkin(1996). 십대의 적극적 부모역할 훈련-비디오. 중앙적성출판사.

홍경자 역, Popkin(1996). 십대의 적극적 부모역할 훈련 - 지도자용 지침서. 중앙적성출판사.

홍창희 역, Barenhorst(2001). 당신이 원하는 친구가 되는 법. 학지사.

Crowder, C. (2002). *Eating, Sleeping, and Getting up.* NY: Ransdom.

Essa, E. L. (2002). *A Practical Guide to Solving Preschool Behavior Problems.* Clifton Park, NY: Delmar Learning.

Green, J. B. (2003). *Introduction to Family Theory & Therapy.* Pacific Grove, CA: Brooks/Cole.

Harley, W., Jr., & Wilard, F. (2001). *His Needs, Her Needs: Building An*

Affair−Proof Marriage, Grand Rapids, Ml: Fleming H. Revell.

Komives, S. R., Cucas, N., & McMahon, T. R. (1998). *Exploring Leadership*. San Frsnsisco: Jossey Bass Publishers.

Miller, S., Miller, P., Nunnally, E., & Wackman, D. (2003). *Couple Communication 1: Tallking & Listening Together*. Littleton, Co: Interpersonal Communication Press.

Northouse P. G. (2001). *Leadership*. Sage Publications.

Shure, M. B. (1997). *Raising a Thinking Child*. NY: Henry Holt & Company.

저
자
소
개

홍경자(洪京子) 박사는 이화여자대학교 심리학과와 동 대학원 교육심리학과를
졸업하고 미국의 Mississippi 대학교에서 철학박사 학위를 취득하였다. 지난
30여 년간 전남대학교 사범대학 교육학과 교수로 재직하며 상담심리 등을 강의
하였다. 한국대학상담학회(현: 한국상담학회)의 회장직(1995~1997)을 역임하였
고, 10여 년 동안 적극적 부모역할(Active Parenting) 훈련 지도자를 양성해 오
고 있다. 현재 전남대학교 명예교수이고, 한국상담심리학회와 한국상담학회의
이사로 봉사하고 있으며, 상담문화원 '열려라 참깨'(AP 한국본부)의 원장으로 활
동하고 있다. 그동안 약 100여 편의 연구논문과 30여 권의 저서 및 역서를 출
간하였다. 대표적인 저ㆍ역서로는 『현대의 적극적 부모역할 훈련』(1995), 『상담
의 과정』(2001), 『청소년의 인성교육』(2004), 『자기주장과 멋진대화』(2006) 등
이 있다.

- 홈페이지: http://www.gocounseling.co.kr
- 이메일: apkoreahong@hotmail.com
- 연락처: 02-521-3250

대화의 심리학 시리즈 **1**

대인관계의 심리학

2007년 1월 10일 1판 1쇄 발행
2015년 4월 20일 1판 5쇄 발행

지은이 | 홍경자
펴낸이 | 김진환
펴낸곳 | (주) **학지사** . [INNER BOOKS] 이너북스
　　　　　121-838 서울특별시 마포구 양화로 15길 20 마인드월드빌딩
　　　　　대표전화_ 02-330-5114　　　　　팩스_ 02-324-2345

등 록 | 2006년 11월 13일 제313-2006-000238호
홈페이지 | www.innerbooks.co.kr

ISBN 978-89-958872-1-9 04180
　　　　978-89-958872-0-2(set)

가격 9,900원

※ 이너북스는 학지사의 자매회사입니다.